Dans les fougères
de l'enfance

DU MÊME AUTEUR

Hymnes — Isabelle, poèmes. Éd. de Muy, 1954.

Laves et neiges, poèmes. Éd. de Muy, 1954.

La mort à vivre, poèmes. Éd. du CELF (Belgique), 1955. Prix Interfrance.

Obscure navigation du temps, poèmes. Éd. de Muy, 1955.

Le poisson pêché, roman. Cercle du Livre de France, 1964. Prix du Cercle du Livre de France.

Chanteaux, poèmes 1954-1974. Éd. La Presse, 1976.

Les relations culturelles internationales du Québec, essai. ÉNAP, 1984.

Notre-Dame du colportage, roman. Éd. Guérin Littérature, 1987.

Jacques Cartier: l'odyssée intime. Éd. Le Jour, 1991.

Georges Cartier

Dans les fougères de l'enfance

récits

Illustrations de
Irina Aszalos

FIDES

Données de catalogage avant publication (Canada)

Cartier, Georges, 1929-
Dans les fougères de l'enfance

ISBN 2-7621-1687-2

I. Cartier, Georges, 1929- . – Biographies – Jeunesse.
2. Québec (Province) – Mœurs et coutumes.
3. Livres-albums – Québec (Province). I. Titre.

PS8555.A773Z53 1993   C848'.5403   C93-096857-3
PS9555.A773Z53   PQ3919.2.C37Z53 1993

Dépôt légal: 4ᵉ trimestre 1993
Bibliothèque nationale du Québec
© Éditions Fides, 1993

Les Éditions Fides bénéficient de l'appui du Conseil des Arts du Canada
et du ministère de la Culture du Québec.

À mes petites filles
Geneviève, Anne et Mimi,
ainsi qu'à ma fille Nathalie
et mon fils Guillaume.

Dans les fougères encore de l'enfance et le déroulement des crosses de la mort.

ST-JOHN PERSE

Avant-propos

« Dis, papy, dis, mamy, c'était comment dans votre temps ? »
Sempiternelle interrogation de tous les enfants, aux
yeux de qui les grands-parents viennent d'un passé si lointain
qu'à leur époque la vie ne pouvait être que très différente ! Sans
doute n'y avait-il pas d'avions, d'automobiles, de télévisions, de
radios, de téléphones ! Et surtout pas autant de jouets, ni aussi
fascinants !

En cela, chères Anne et Mimi, chère Geneviève, vous ne dif-
férez pas des autres petites filles de votre âge. Comme elles, vous
rêvez de connaître l'époque ancienne de vos grands-parents, et
votre curiosité vous pousse à leur poser mille et une questions. Et
votre fertile imagination complète vite les réponses que vous
obtenez, si elles demeurent trop partielles.

Vous remontez le cours du temps avec une aisance étonnante,
avec les yeux des explorateurs, avides de découvertes. Peu à peu,

vous apprenez ainsi à naviguer dans le temps, à le mesurer, à nommer les âges plus que les lieux.

En visite chez mamy et papy, votre plus grand plaisir n'est-il pas d'ouvrir les tiroirs des commodes ? Dès que mamy vous y autorise, vous vous précipitez dans sa chambre, ravies, joyeuses, avides de fouiller... En quelques instants, vous éparpillez colifichets et breloques, tas de fichus emmêlés, colliers, bracelets et boucles d'oreilles, tout un bazar amassé au fil du temps.

Quelle joie débordante s'épanouit sur vos visages, quels sourires complices ! Et quels yeux scrutateurs, quelles petites mains fébriles explorent la boîte aux trésors ! La grotte aux merveilles explose, littéralement, en véritable feu d'artifices, qui projette tout un fatras sur le plancher. Assises devant le monceau d'objets que vous venez d'extraire des galeries obscures de la longue commode, vous examinez chaque chose, minutieusement, silencieusement. L'heure est soudainement à l'interrogation contemplative, à l'envol dans un passé inconnu.

Puis, vous réapparaissez au salon, métamorphosées, polichinelles-surprises, un peu gênées, néanmoins assurées d'émerveiller mamy et papy, et même maman et papa, qui y conversaient pendant que vous essayiez les accessoires multiples de vos déguisements. Affublées de toutes les frivolités dont peuvent se parer vos petites personnes, vous projetez le miroir déformant d'une réalité surannée. Et vous vous en amusez, jouez la comédie comme de futures actrices, repartez dix fois vers la chambre, en revenez chaque fois transformées ; votre créativité franchit toutes les frontières de la mode, et la commode semble contenir d'inépuisables ressources.

À mon tour, j'ai voulu ouvrir pour mes trois petites filles un tiroir réellement magique, le plus enchanté de tous, je crois, car en apparence il est vide. À première vue, on n'y aperçoit que le grain du bois, vieilli, ainsi qu'une fine couche de poussière, plus densément accumulée aux angles du fond. Pourtant, que de choses invisibles ne recèle-t-il pas, ce tiroir secret ! Que d'émotions enfantines, que d'instants enchantés ne contient-il pas !

Pour les rendre visibles, votre papy a tout naturellement eu recours au pouvoir des mots, et pour vous il a écrit ce keepsake, extrait de ce tiroir très spécial, dans lequel, enfant, j'ai engrangé mes souvenirs : images et sentiments du passé, émotions que toutes les mamys et tous les papys conservent précieusement et qu'ils consentent parfois à décrire à leurs petits-enfants. C'est *le tiroir à souvenirs*, celui des rappels d'antan, celui qui fournit une réponse à la question des enfants : « Dis, mamy, dis, papy, dans ton temps, c'était comment ? »

Quels grands-parents ne retrouvent pas un jour, abandonnés dans le clair-obscur d'une mémoire très ancienne, mille et un petits riens ? Oui ! de petits riens du quotidien de leur enfance, qui néanmoins ravivent une émotion ! Au grand âge, mamys et papys entrebâillent avec nostalgie la porte d'un grenier secret et se remémorent avec plaisir leurs aventures d'autrefois. Et quels enfants n'écoutent pas, fascinés, leurs récits ?

C'est avec l'espoir que ces quelques souvenirs tout simples de votre papy sauront vous plaire, chères Mimi, Anne et Geneviève, que j'ai esquissé cette série de croquis, dessinés au gré de ma mémoire et présentés sans autre ordre que celui de la remontée des images à la surface du présent. *Dans les fougères de l'enfance* vous fera pénétrer dans un monde étrange, aussi étrange pour vous que celui d'Alice au pays des merveilles, et surtout dans un temps si lointain qu'il s'est effacé de toute mémoire, sauf celle de votre papy, qui va vous le raconter...

I

Le village entouré d'eau

J e suis né à L'Assomption, l'un des très anciens villages du
Québec. Fondé en 1717, au temps de la colonisation française,
le bourg se nommait Le Portage, car ses premières habitations étaient construites tout près du sentier de portage qu'empruntaient les voyageurs en canot, afin de raccourcir leur trajet. Par
la suite s'est imposée l'appellation de la paroisse, Saint-Pierre-du-
Portage.

Une rivière, qui porte aussi le nom de L'Assomption, des-
cend de très loin, du nord où elle prend sa source ; elle serpente
tout au long de son cours, avant de contourner le village et de
l'encercler quasi complètement. Du haut des airs se distingue très
bien la presqu'île quadrillée de rues à angle droit ; sa forme rappelle celle d'un ballon bien gonflé, dont la base serait légèrement
aplatie et les flancs un peu renflés.

Au col du ballon, la rivière coule de part et d'autre en se côtoyant elle-même à peu de distance. Aussi, au lieu de pagayer de longues heures, les Amérindiens accostaient sur la rive, à la partie la plus étroite de la presqu'île, et portaient leurs canots sur les épaules jusqu'à *l'autre rivière*, à moins d'un demi-kilomètre. Cette façon de transporter les embarcations s'appelait « faire du portage », d'où le nom Le Portage.

Au long de son histoire, L'Assomption a joué un rôle de premier plan parmi les villages environnants. Encore aujourd'hui, si vous vous y rendez, vous pourrez voir de nombreux vestiges qui témoignent des activités importantes qui s'y déroulaient, surtout au XIXe siècle, alors que cette localité s'est développée en centre régional : siège religieux, avec son évêché ; chef-lieu judiciaire, avec son palais de justice ; capitale économique, avec ses industries ; foyer d'éducation, avec son collège et son couvent, deux pension-nats que fréquentaient les garçons et les filles *du pays*, et même plusieurs jeunes venus d'autres agglomérations ou encore de la grande ville de Montréal ! Tous mes oncles, ainsi que ma sœur, mon frère et moi-même avons étudié dans ces institutions.

Aujourd'hui, L'Assomption s'est étendu, modernisé, mais en perdant beaucoup de ses caractéristiques anciennes. Cet endroit est même devenu une banlieue de Montréal, comme tant d'autres villes à la périphérie de la métropole, cette pieuvre de deux mil-lions d'habitants qui s'approprie sans cesse de nouvelles terres, toujours plus loin. Ses tentacules ont franchi le fleuve Saint-Laurent, la Rivière des Prairies et même celle des Mille-Îles, repoussant les habitants de ces territoires, substituant à leurs habitudes ancestrales le mode de vie des citadins. Transformés en dortoirs pour les travailleurs qui tous les jours se rendent dans la métropole, sur des autoroutes qui semblent abolir les distances, les villages ne conservent plus de traits distinctifs.

Mais, au temps de mon enfance, c'était bien différent, vous savez ! Montréal demeurait une ville très éloignée, si lointaine que je n'y allais qu'une fois par année, à l'époque des Fêtes, pour participer avec mes parents à la réunion traditionnelle de mes tantes et de mes oncles paternels. Au bout d'un long voyage, qui me paraissait durer des heures, nous montions au second étage d'une maison dont la façade était si large qu'elle se prolongeait sur la longueur de toute une rue ! Je découvrais alors que j'avais de si nombreux cousins et cousines que l'humble appartement de la tante et de l'oncle, qui nous recevaient à dîner à l'occasion du Nouvel An, pouvait à peine nous contenir tous. Nous devions y manger par tablées successives : d'abord les tout petits, puis les « grands » et enfin les adultes.

Ces brèves incursions annuelles, en grande partie nocturnes, m'ont surtout laissé le souvenir des tramways qui roulaient au milieu de la rue, sur des rails encastrés dans l'asphalte, contre lesquels pestait mon père lorsqu'une roue de la voiture s'y engageait en secouant la carrosserie. Une cloche, fixée à l'avant de ces longues et hautes boîtes d'acier toutes vitrées, sonnait sans arrêt, sans doute pour avertir automobilistes et piétons du passage de ce véhicule bruyant, assourdissant.

Le lendemain de ces excursions tapageuses, je m'éveillais heureux de retrouver le silence du village et le paysage familier qu'encadrait la fenêtre de ma chambre. Je n'enviais aucunement mes cousins, qui vivaient accablés de bruits et qui sans doute n'avaient jamais vu un papillon, une libellule, un canard, une vache, encore moins un seul des innombrables poissons qui se cachaient dans ma rivière, alors que moi je les connaissais tous !

Mon village entouré d'eau, avec ses champs à la bordure des rues et des maisons, me paraissait tellement plus grand que leur ville de ciment ! Et surtout tellement différent, tellement plus beau, plus varié, ce royaume de la nature offert à mes premières découvertes émerveillées ! C'était mon environnement enchanté, comme l'est sûrement pour vous celui de vos séjours à la maison du lac Brûlé.

2

La maison de pierres des champs

Contenue entre deux larges et hauts murs de pierres des champs, dont le sommet formait un accent circonflexe à la pointe aplatie pour loger deux cheminées rectangulaires, identiques, la maison de mon enfance imposait sa masse équilibrée, majestueuse, à l'angle de deux rues importantes, l'une par son ancienneté, l'autre par son trafic routier.

Les pentes accentuées du toit de tôle, parallèles à celles des murs latéraux, s'y encastraient profondément ; l'hiver, elles laissaient glisser les neiges qui s'y accumulaient parfois, tassées par des vents violents contre les murs en saillie ou contre la lucarne émergeant du toit, en plein centre, côté cour et côté rue. Si ces amas de neige persistaient jusqu'aux premiers jours du printemps, ils se transformaient en blocs de glace, très lourds et menaçants ; lorsqu'ils se détachaient subitement, ils dévalaient la pente dans un grondement de tonnerre, suivi du bruit sourd, l'instant d'après, de leur éclatement sur le sol, qui ébranlait jusqu'aux assises de la maison.

Au pied des murs, s'accumulaient des monticules de neige et de glace intimement liés, si durcis qu'ils fondaient très lentement et ne disparaissaient complètement qu'à l'éclosion des premières fleurs. Chaque printemps, les trois enfants que nous étions, tout comme vous, étaient solennellement avertis de se tenir éloignés de ces dangereux endroits. La plus faible de ces avalanches printanières, côté rue, aurait pu écrabouiller le premier passant imprudent ; mais les gens en étaient conscients et, à cette époque de l'année, ils prenaient soin de contourner l'aire de déversement du toit. À l'approche de notre maison, ils quittaient le trottoir et marchaient dans la rue plutôt que de courir le risque de recevoir sur la tête un bloc de glace qui les aurait fait passer de vie à trépas.

Construite par le maître maçon François Peltier, qui en avait reçu commande le 31 décembre 1810, la maison de pierres des champs, de style canadien, a été achevée en 1812, comme en témoigne l'inscription gravée sur la pierre transversale de l'entrée principale. Elle se classe parmi les plus anciennes et les plus imposantes du village, hormis le vieux palais de justice, désaffecté, et l'orgueilleuse résidence du notaire.

Chacune de ses hautes fenêtres, disposées en paires symétriques, était flanquée de persiennes peintes en blanc, aux battants divisés sur leur hauteur en deux parties inégales et indépendantes, que des esses noires, forgées avec des tiges de métal carrées, maintenaient ouverts en permanence. Ni mon père ni ma mère ne les fermaient jamais ; aussi, malgré leur bon fonctionnement, ne servaient-elles qu'à embellir la maison, qu'à estomper un peu l'austérité des grands pans de pierres.

Tout au haut des murs, juste au-dessous de l'amorce des cheminées, mais curieusement décentrée, une toute petite fenêtre carrée éclairait le grenier. Je n'y suis jamais allé ; mes parents eux-mêmes y montaient rarement, n'y rangeant rien sans doute, faute d'un accès facile. Il fallait porter à l'étage une courte échelle, y monter, soulever un panneau carré pratiqué dans le plafond de l'une des chambres et enfin se faufiler dans ce lieu sombre et mystérieux.

Avant que mes parents n'achètent cette résidence et ne l'habitent, notre maison de pierres avait rempli plusieurs fonctions, si notables que son histoire se confond avec celle du village même, car elle a successivement abrité l'école, l'évêché, la Banque de Saint-Hyacinthe et la Banque de Hochelaga, devenue la Banque Canadienne Nationale. Toutefois je sais aujourd'hui qu'aucun évêque ne l'a jamais occupée, malgré le désir des habitants de L'Assomption d'obtenir l'évêché que songeaient à y établir les autorités religieuses ; en fait, c'est un cordonnier, et non un prélat, qui y a exercé son métier au milieu du siècle dernier. Voilà comment la légende substitue un évêque à un cordonnier ! Par contre, ma maison natale peut s'enorgueillir d'un fait strictement historique, puisque c'est dans ses murs que, vers les années 1860, a été installé le premier télégraphe de L'Assomption.

Solidement implantée, cette maison occupe encore l'angle des deux rues principales du village : la route venant de Montréal emprunte l'une de ces rues et traverse le village en formant un S dont la première courbe, à 90 degrés, frôle l'un de ses angles. Autrefois, toutes les voitures empruntaient cette voie, et plus d'une a bosselé l'une de ses ailes ou même enfoncé sa grille contre le mur de pierres en s'engageant trop rapidement dans la courbe ou, l'hiver, en glissant sur la glace du pavé. La maison a toujours résisté à ces assauts et seules quelques pierres, au bas du mur ouest, portent encore, peut-être, les cicatrices de ces impacts.

L'autre rue, à angle droit de la première, était celle des institutions publiques du xixᵉ siècle ; alors étroite, et de terre battue, elle avait été élargie et asphaltée, de telle sorte que sur deux côtés la maison s'était retrouvée ceinte d'une rue et d'un trottoir, dont le ciment se joignait au mur de fondation même et rasait le bas des deux étroits soupiraux qui laissaient pénétrer quelque lumière dans la cave.

C'est sur cette dernière rue, historique, que donnait l'escalier de l'entrée principale, que personne n'empruntait jamais ; la succession des marches, bien protégées des intempéries, tenait entière dans l'épaisseur du mur et s'élevait jusqu'au niveau du rez-de-chaussée. Cette entrée semblait un antre creusé dans le roc ; l'hiver, elle se transformait en caverne, lorsque mon père posait au bas des marches, alignée sur la façade, une porte de bois, aveugle, montée sur son embrasure : dans l'escalier, ainsi coincé entre deux murs et deux portes, l'obscurité devenait quasi complète.

Heureusement, sur les deux autres côtés, un vaste terrain permettait tous les jeux, tous les ébats. À l'est, deux rubans de pierres concassées coupaient le tapis vert de la pelouse et guidaient les roues de la voiture vers le garage. À droite de cette voie et sur toute sa longueur, une muraille de pierres cachait la cour à bois d'un entrepôt où s'empilaient des tours de planches et de madriers savamment entrecroisés ; l'entrepôt même était une ancienne et haute résidence de pierres, très carrée, que les gens appelaient curieusement *la cathédrale*. Je n'ai jamais su pourquoi... Était-ce par dérision du faux évêché, tout à côté, qui n'était autre que notre résidence ?

À proximité du mur est de la maison, tout près de l'immense fenêtre rectangulaire de ma chambre qui avait remplacé celle d'origine, très étroite, un pin géant élevait sa cime plus haut que la pointe du toit. J'allais souvent me réfugier sous ses premières branches, qui s'étalaient si loin du tronc qu'elles formaient un large abri circulaire dont je me prétendais propriétaire exclusif ; assis sur l'épais édredon d'aiguilles de pin que gonflait chaque automne, je passais dans ma demeure privée mes moments de calme et de réflexion, instants d'imaginaire à concocter des projets vite oubliés.

Au nord-ouest, le paysage environnant, très ouvert, tacheté de couleurs, composait une vue bien différente : les fleurs de ma mère se détachaient sur le plan gris du tennis au sol de poussière de roches, bordé de chaque côté d'une belle rangée de peupliers de Lombardie, que mon père avait plantés l'année de ma naissance, je crois, et qui ont grandi en même temps que moi, jusqu'à ce que la cime de leurs branches et de leur feuillage en forme de flamme atteigne une hauteur incroyable ! Les massifs de fleurs se délinéaient aussi sur le blanc de chaux du hangar qui prolongeait le garage, ainsi que sur le vert du gazon, dont cette aire, très plane, était entièrement recouverte.

Seules quelques bandes rectilignes coupaient ce grand tapis extérieur bordé de motifs floraux. Un trottoir de ciment longeait la cuisine d'été, rajoutée à la maison bien avant ma naissance, et menait au portillon ouvrant sur le trottoir de la rue, sortie que je me gardais de franchir sans autorisation ou, plus justement, sans être accompagné. Une allée de gravier, en forme de L renversé, conduisait au tennis ou au kiosque, sorte de salon d'été où chacun apportait ses travaux ou s'adonnait à ses loisirs préférés.

La cour se terminait à l'opposé par l'un des murs latéraux du garage, que poursuivait sans discontinuité le hangar à deux étages :

au bas, deux larges battants ouvraient sur l'attirail qui s'y entassait, particulièrement des outils de jardinage ; en haut, un panneau donnait accès à une partie mystérieuse du hangar, sans fenêtre. Quelques vieilles chaises et autres objets inutilisés y étaient remisés, oubliés dans cet endroit auquel on ne pouvait accéder sans échelle appuyée contre le mur extérieur, ce qui rendait ce refuge encore plus mystérieux, presque interdit et par suite très attrayant.

Enfin, comment omettre de mentionner le carré de sable où j'ai passé tant d'heures ? Coincé dans l'angle que formait la rallonge de la cuisine d'été, il occupait tout de même une superficie importante, qui devait atteindre près de cinq mètres carrés. J'y avais plus que l'espace suffisant pour construire et aménager tout un univers...

3

Le kiosque aux rideaux de courges

Qui avait construit le kiosque, cette véritable pièce de séjour extérieure qui occupait un large espace près du tennis ? À quel moment avait-il été érigé ? Je ne l'ai jamais su. Sans doute existait-il bien avant que mes parents n'acquièrent la maison de pierres...

De construction sommaire, il était formé d'un plancher carré, légèrement surhaussé, et entouré d'un garde-corps ; une ouverture d'à peine un mètre constituait l'unique entrée. Aux quatre coins, des poteaux carrés, aux arêtes arrondies, supportaient le toit à pavillon, qui débordait du plancher afin que les eaux de pluie coulent au delà des plantations de ma mère, qui enjolivaient le kiosque autour de son périmètre.

Aux premiers jours chauds du printemps, et durant tout l'été et jusqu'à l'automne avancé, le kiosque abritait la plupart des travaux et des loisirs familiaux : ma mère étêtait les haricots, équeutait les fraises, reprisait les chaussettes, recousait les boutons, brodait parfois des taies d'oreillers ou fabriquait au crochet des napperons destinés à recouvrir de petites tables, dispersées dans la maison et ne servant qu'à supporter, me semblait-il, des pots de fleurs fraîchement coupées dans les nombreuses plates-bandes qu'elle entretenait.

Mon grand-père, très vieux — il s'appelait Olier —, qui était venu habiter avec nous à la mort de ma grand-mère Emma, passait au kiosque la plupart de ses journées, assis dans une immense chaise berceuse, rêvassant ou observant les rares activités environnantes. Il s'y endormait souvent et, chaque fois qu'il émergeait de ses courtes siestes, il soutenait qu'il était resté éveillé : « Je n'ai que fermé les yeux », affirmait-il.

Si je m'approchais de lui, il devinait aussitôt que je souhaitais me faire bercer ; il me soulevait, m'assoyait sur lui et je restais là, sans bouger, regardant se balancer la maison, le tennis et tout le paysage environnant. Plus le tangage s'accentuait, plus j'appréciais que mon grand-père m'ait hissé à bord de son navire, sur une mer houleuse.

Quand le vent ne levait pas ou n'était que brise, grand-père installait devant lui une table pliante de métal, apportée sous le toit du kiosque dès les premiers jours de chaleur ; elle y demeurait tout l'été. De l'une de ses grandes poches il tirait un jeu de cartes

usées, quelque peu écornées, et faisait des patiences à répétition. Si je m'approchais, il me proposait de jouer avec lui, devinant aisément mon désir. Ces parties de cartes, fort simples, s'avéraient souvent interminables ; plus elles se prolongeaient, plus j'étais ravi. Grand-père, toujours très patient, me trouvait infatigable, inlassable.

Parfois, mon frère ou moi-même courions à la maison pour en rapporter le jeu de dames et lui proposer une partie, qu'il gagnait toujours ou quasi ; s'il nous advenait d'être victorieux, nous le soupçonnions d'avoir commis délibérément des erreurs ; mais nous n'en étions pas moins fiers.

Quant à mon père, qui portait l'étrange prénom de Rosaire, je le voyais rarement au kiosque, et chaque fois peu longtemps, trop occupé qu'il était par ses fonctions d'agronome, par les travaux domestiques qu'il devait accomplir et surtout, il faut bien le dire, par ses loisirs, régulièrement consacrés à la chasse ou à la pêche. S'il venait s'y asseoir, c'était pour se reposer quelques instants, avant de poursuivre la tonte de la pelouse, ou le blanchiment du hangar à la chaux, ou encore la réparation de la clôture du tennis, ou toute autre tâche entreprise aux premières heures du jour.

L'émerveillement que me procurait le kiosque provenait avant tout des rideaux de courges qui fermaient trois côtés ; seule la partie donnant sur la pelouse et le hangar demeurait libre de toute végétation. L'abondance des feuilles qui tapissaient les trois autres faces du kiosque nous cachait complètement de la vue des passants, tout comme des joueurs de tennis ou des visiteurs, qui arrivaient toujours par l'entrée arrière de la maison.

Très tôt, le printemps, tout autour du plancher du kiosque, juste sous le surplomb de la toiture, ma mère, qui avait la passion des plantes et des fleurs et qui portait le prénom prédestiné de Marguerite, semait des graines de courges ornementales. Quelques semaines plus tard, je l'aidais à tendre des ficelles fixées à de petits clous, qui de bas en haut répétaient une suite ininterrompue de W. Bientôt sortaient de terre de minuscules tiges, sur lesquelles se développaient des feuilles et soudain, par un phénomène magique, se mettaient à s'étirer une multitude de longues vrilles qui s'enroulaient, serrées, autour des ficelles que nous avions installées, ma mère et moi. Les plants continuaient à croître, à s'agripper grâce à leurs vrilles et à nos ficelles, s'élevant et s'entrecroisant jusqu'à atteindre l'avancée du toit, le long duquel elles se mettaient à courir horizontalement.

Le kiosque se métamorphosait, se transformait en pièce enchantée où les rideaux de feuilles ne laissaient filtrer que des pépites de soleil, aux formes irrégulières, qui sautillaient sur le plancher ; à plat ventre, je suivais d'une planche à l'autre leur lumineuse et lente avance, que ma main posée à plat, immobile, ne réussissait pas à arrêter : elles y grimpaient, la parcouraient et en redescendaient quelques instants plus tard.

Bien avant que les feuilles de ces rideaux naturels ne bruissent au moindre vent, commençaient à éclore de fragiles fleurs jaunâtres, à la corolle un peu fanée. Miraculeusement, elles donnaient naissance à des coloquintes aux formes et aux couleurs des plus variées : coloquintes du Malabar, à segments allongés et marqués de rayures blanches, verticales ; coloquintes plates, aux mêmes caractéristiques, ou bicolores, dont seul le tiers inférieur, renflé comme une coupe et parfaitement délinéé, adoptait une couleur différente de la partie supérieure ; d'autres s'allongeaient en forme de poires, striées verticalement. Certaines se revêtaient d'une peau fort rugueuse, hérissée de petites protubérances comparables à des verrues : elles portaient d'ailleurs le nom de coloquintes galeuses ; pourtant, malgré ce qualificatif qui décrivait bien l'aspect de leur épicarpe, semblable à la peau de gros crapauds, ma mère les cultivait et les recueillait avec le même soin que les autres variétés.

Multicolores et de formes très différentes, les coloquintes pendaient des rideaux du kiosque comme les boules d'un arbre de Noël, auquel nous aurions pu les suspendre, car en fin de saison ma mère les ramassait, les faisait sécher, en offrait à ses amies et en conservait quelques plateaux. Leur dessiccation terminée, les courges devenaient très légères ; c'est alors que ma mère les disposait avec art dans des bols très évasés, qui formaient une jolie décoration dans quelques pièces de la maison. Malheureusement, au cours de l'hiver, si elles gardaient leurs formes étonnantes, durcies, elles perdaient par contre leurs belles couleurs, qui s'estompaient progressivement et se changeaient toutes en un jaune très pâle, délavé, terne, sans attrait.

Mais le printemps ouvrait déjà la porte de la maison, et nous allions bientôt manger, comme chaque année, dans la cuisine d'été. Dehors, ma mère pourrait à nouveau semer ses graines de coloquintes, et je pourrais encore une fois abriter mes jeux secrets derrière les rideaux de courges du kiosque.

4

L'invasion des serins

Oh ! *cela* s'est infiltré très discrètement, presque imperceptiblement, à tel point que personne au début n'en a prévu les suites... Ni mon père, ni aucun des trois enfants, ni même ma mère, je crois, n'a su percevoir les conséquences que *cela* allait entraîner, elle qui était pourtant à l'origine de l'occupation progressive de notre foyer, de la multiplication des *locataires* à un rythme effarant.

En douceur, tout a commencé en douceur, le jour où ma mère est revenue à la maison avec un air inhabituel, si réjoui qu'il nous a tous laissés perplexes. Elle portait au bout de son bras un énorme paquet, au papier d'emballage froissé ; il traînait presque sur le plancher. Bien malin qui en aurait deviné le contenu ! « Je vous réserve une grande surprise ! » nous a-t-elle lancé en levant son amas de papier chiffonné pour le poser sur la table de la salle à manger.

Toutefois, pour ménager notre surprise, elle a pris le temps de retirer son manteau, d'aller le ranger, sans hâte, pendant que nous languissions de curiosité devant la masse informe déposée sur la table. De retour de sa chambre, elle a entrepris de déficeler le paquet et de retirer le papier qui cachait *la chose :* une cage étincelante, toute ronde, évidemment destinée à loger un oiseau ; les barreaux, fins et dorés, se repliaient au sommet en forme de dôme. Malgré nos questions pressantes, ma mère restait étrangement muette.

Nous avons dû nous résigner à la regarder monter sur un tabouret, munie d'une pince et d'un marteau ; au sommet de l'embrasure de la fenêtre de la salle à manger, elle a fixé un gros crochet de métal, puis suspendu un ressort et finalement la cage, qui a balancé longtemps avant de s'immobiliser. Retournée à sa chambre, elle en est revenue avec une minuscule boîte de carton blanc, percée d'orifices ronds.

« Ça, c'est la vraie surprise ! » nous a-t-elle précisé, son visage rayonnant de joie. Avec précaution, elle a retiré de la boîte blanche, qui aurait pu contenir des sucreries, une chose si menue qu'elle la tenait entièrement dans la paume de sa main ; nous ne pouvions apercevoir qu'un bec et deux petits yeux. De sa main gauche elle a ouvert un guichet à mi-hauteur de la cage, pendant que sa main droite, refermée sur sa fragile et précieuse surprise, s'introduisait minutieusement jusqu'au fond de la cage. Prestement, elle a ouvert et retiré sa main, a refermé le guichet et s'est éloignée pour nous laisser contempler sa merveille !

À présent, nous pouvions voir et examiner *la chose* dans son entier : une boule de plumes jaunes, avec de minces bandes noires de chaque côté, flottait sur deux pattes aussi fines que des cure-dents. Soudain, tout ce plumage s'est mis à vibrer, des plumes se sont déployées et mises à battre. D'un coup d'ailes l'oiseau s'est retrouvé perché au centre de la cage, les longues griffes de ses pattes enroulées autour du barreau de bois horizontal qui la traversait à mi-hauteur. Il semblait plutôt égaré dans sa nouvelle prison, même affolé ; il se mettait subitement à voleter et se refusait désespérément à chanter, malgré les sifflements variés de ma mère, qui s'évertuait à l'encourager.

Au cours du premier hiver que ce chanteur timide a passé seul avec nous, elle est parvenue cependant à lui apprendre le chant, peu à peu, grâce à une patience exemplaire. Elle a si bien obtenu de son élève ce qu'elle en espérait que finalement, chaque soir, au moment d'aller au lit, il lui fallait couvrir la cage d'une housse pour mettre un terme aux arias interminables de son ténor. La formation de son oiseau terminée, ma mère nous a suggéré de le baptiser : « Nous allons l'appeler Caruso, si vous voulez bien ; c'est un grand chanteur italien ! » nous a-t-elle expliqué. Nous n'avons rien répliqué, n'ayant d'autre nom à proposer.

Dès l'arrivée de ce pensionnaire, je m'étais vu confier la

responsabilité de surveiller le niveau des graines et de l'eau dans la mangeoire et l'abreuvoir de verre en forme d'œuf, accrochés au grillage de part et d'autre de la cage. Ma mère, elle, en retirait le fond à coulisse tous les trois ou quatre jours, y plaçait quelques épaisseurs de papier journal, après en avoir enlevé les couches précédentes, maculées de fientes et de pipi. Au cours de cette opération, l'odeur était si forte que je me pinçais le nez et me tenais éloigné, passablement dégoûté de la malpropreté de cet intrus et surtout étonné de la quantité de saletés que produisait un si minuscule animal, qui tenait tout entier dans la main de ma mère !

Toute la journée, l'oiseau jaune pépiait, lançait ses roulades, voletait, s'ébouriffait, mangeait, buvait, s'aiguisait le bec sur l'os de seiche coincé dans le grillage, sautait d'un perchoir à l'autre ou encore allait se poser sur la balançoire qui oscillait au centre de la cage, tout en haut. Il demeurait rarement immobile, sauf pour dormir, alors qu'il enfouissait sa tête sous l'une de ses ailes.

Jusqu'au printemps suivant, nous avons ignoré que ce membre adoptif de la famille allait être le géniteur d'une longue lignée d'envahisseurs ! Jusqu'au jour où ma mère est rentrée de faire des courses avec une deuxième boîte blanche, percée d'orifices comme la première ; elle transportait aussi deux cages, l'une assez petite et carrée, l'autre rectangulaire et très longue.

La moins grande a hébergé le nouveau serin, encore plus petit que le premier ; ma mère l'appelait sa « p'tite mère », celui-là, et à partir de cet instant Caruso a reçu le surnom de « p'tit père ». Ensemble, ils devaient nous donner plusieurs oisillons, qui à leur tour deviendraient des « p'tits pères » et des « p'tites mères », nous a-t-elle prédit. Venait de s'ouvrir la phase deux de l'invasion des serins !

Ma mère a rangé la grande cage, provisoirement, et placé les deux autres à peu de distance, chacune occupée par l'un de nos locataires. « Il faut leur laisser le temps de faire connaissance et de s'apprivoiser, nous a-t-elle informés, avant qu'ils ne partagent la même cage. » Elle les observait souvent, espérait tant qu'ils s'acceptent rapidement et forment bientôt le couple qu'elle rêvait de posséder !

Son espoir n'a pas été déçu : Caruso s'est bientôt mis à chanter comme on ne l'avait jamais entendu ! Il inventait de nouveaux airs, répétait ses roulades jusqu'à nous en lasser, pendant que la serine se taisait, sans doute charmée par son compagnon. Après l'avoir écouté, elle s'écrasait au fond de la cage, ouvrait légèrement les ailes et les faisait frémir comme si elle tremblait de froid. Très étonnés de n'entendre chanter qu'un seul des deux oiseaux, nous avons appris que, chez les serins, seul le mâle chante pour sa belle.

Un jour, à notre lever, nous avons aperçu la cage rectangulaire suspendue dans la fenêtre ; à l'intérieur, les deux oiseaux folâtraient et semblaient s'entendre à merveille. Les deux autres cages avaient disparu, remisées dans le garage. Assise à la table de la salle à manger, munie de ciseaux, ma mère coupait en tout petits bouts un écheveau de ficelle pelucheuse, très douce, tandis que de la cuisine nous parvenait un gargouillement d'eau bouillant dans une casserole.

Elle nous a annoncé que la p'tite mère allait avoir des petits, très bientôt ! Avec ces brins de corde, l'oiselet construirait un nid et y couverait des œufs dont, un jour, de merveilleux oisillons perceraient la coquille... Et nous pourrions assister à toute cette métamorphose, miraculeuse !

Quant aux œufs qui cuisaient à la cuisine, ils ne nous étaient aucunement destinés. Écalés, placés dans un bol à soupe, ma mère les a pilés avec une fourchette jusqu'à l'obtention d'une consistance finement granuleuse. Puis elle a mis une part de cette bouillie dans une petite assiette ovale, qu'elle a déposée au fond de la cage.

Selon elle, il s'agissait là d'une nourriture fortifiante pour que parents et enfants serins soient en bonne santé ! L'odeur des œufs cuits dur, malaxés en pâte, s'est répandue, s'est imprégnée partout, a persisté durant des semaines. Depuis cette période de mon enfance, je ne peux sentir d'œufs bouillis et pilés sans songer aux serins de ma mère.

Comme prévu, la serine a bâti un nid, brin par brin, disposant et entrelaçant soigneusement, en forme de demi-sphère, les bouts de ficelle régulièrement fournis. Nous ne pouvions qu'être admiratifs, autant mon frère et ma sœur que moi-même, tant le nid était magnifique, tressé avec un art étonnant.

Un matin, élevés tour à tour au bout des bras de notre mère, nous avons aperçu au creux du nid trois petits œufs bleu pâle, que nous avons à peine eu le temps d'examiner. « Il ne faut pas déranger la p'tite mère trop longtemps, car elle pourrait abandonner son nid », nous a-t-elle expliqué pour justifier la brièveté de notre vision. « Si vous voulez voir bientôt des petits, il faut la laisser tranquille », a-t-elle ajouté en parlant de sa p'tite mère, « et ne pas trop vous approcher de la cage durant quelque temps. »

Les oisillons sont nés en perçant leur coquille, l'un après l'autre. Ils étaient laids, affreusement laids : seulement un bec, toujours grand ouvert et démesurément large par rapport à leur tête et leur corps, dénudés. Ils exigeaient sans répit que leur mère les gave. Heureusement, après quelque temps, ils se sont enveloppés de plumes, comme celles de leurs parents, et ont pris une forme toute ronde. Ils avaient l'air de trois pelotes de laine jaune, très douces, très jolies, et nous pouvions dès lors les admirer dans leur nid.

Aussi nous sommes-nous réconciliés avec leur naissance, ignorant qu'eux aussi allaient rapidement se multiplier, à tel point qu'il y aurait un jour des cages à serins dispersées aux quatre coins de la maison, en plus de la salle à manger : dans les deux fenêtres du salon, sur une table au bout du couloir, au plafond de la cuisine d'été et même, durant un certain temps, sur l'allège de ma fenêtre de chambre.

La progéniture des serins s'est avérée si prolifique que ma mère s'est vue contrainte, finalement, de donner des rejetons à quelques-unes de ses amies et même d'en vendre, à l'occasion, tant les espaces de logement manquaient ! Nous subissions littéralement une invasion de serins, de chants aigus entremêlés et d'odeurs d'œufs bouillis et pilés !

Après quelques années d'occupation, une nuit en apparence comme toutes les autres et sans qu'aucun des trois enfants n'ait jamais su ni pourquoi ni comment, toutes les cages et leurs locataires sont disparus. Quand nous nous sommes levés, ce matin-là, la maison était vide, immensément vide ! Plus un seul oiseau, plus une seule cage ! Plus un seul chant, plus un seul pépiement ! Pendant notre sommeil, quelqu'un était sans doute venu et avait tout raflé... L'invasion des serins venait subitement de prendre fin.

Nous étions à la fois heureux et tristes, surtout tristes, je dois avouer, à cause du silence ennuyeux qui régnait dans la maison et de tous les espaces vides qu'avait creusés le retrait des cages. Nous nous étions habitués à voir voleter les oiseaux de ma mère, à les regarder battre des ailes, à les entendre piailler.

Je m'interroge encore, aujourd'hui, sur les raisons qui avaient soudainement poussé ma mère à se départir de ses oiseaux, qu'elle aimait tant ! Malgré toutes nos questions, elle a toujours gardé secret le mobile de son geste et, malgré nos regrets de l'envol des serins, s'est toujours refusée par la suite à s'en procurer d'autres et même à en garder un seul. Nous l'avons seulement entendue répéter : « C'est trop d'ouvrage ! »

L'invasion des serins, malgré ses inconvénients, a marqué une étape de mon enfance somme toute heureuse ; à tel point que le vide creusé par la subite disparition des oiseaux m'a laissé pantois. Heureusement, ma mère me réservait une surprise, beaucoup plus extraordinaire que l'arrivée des serins, et beaucoup plus personnelle.

Pour me consoler, savez-vous ce qu'elle m'a offert, quelques semaines plus tard ? Vous ne pouvez deviner ! Eh bien, c'était la réalisation d'un rêve, d'un espoir secret qui se concrétisait ! Ce jour-là est entré dans ma vie l'un de mes meilleurs amis, le plus fidèle de tous : un chiot tout timide, mais si attachant, dont les oreilles balayaient le plancher, tant elles étaient longues. Son entrée en scène a inauguré l'ère des épagneuls dociles, suivie du règne des angoras langoureux, amis que je vais maintenant vous présenter, Anne, Geneviève et Mimi.

5

Les épagneuls facteurs

Quel bonheur, mes petites-filles, que d'avoir partagé mes jeux, mes joies et surtout mes peines avec ces compagnons fidèles et ces confidents discrets qu'ont été les chiens et les chats qui ont accompagné mon enfance ! Ils se sont succédé sans qu'aucun ne se ressemble, à mes yeux, bien que les premiers aient tous traîné les mêmes oreilles pendantes et les seconds les mêmes longs poils soyeux.

Toutefois, malgré le nombre de représentants accueillis dans la famille, les races féline et canine n'ont jamais gagné simultanément l'hospitalité de ma mère ; après les années d'opéra des serins, chacune a connu son heure de gloire, son ère d'occupation du territoire. Premiers conquérants, les épagneuls ont précédé les angoras et sont demeurés maîtres jusqu'au début de mon adolescence.

À son entrée en scène, chaque épagneul était si jeune, si petit, qu'il disparaissait dans le creux de la robe de ma mère qui, assise, le posait entre ses cuisses pour le présenter à ses enfants et lui permettre de s'apprivoiser sans heurts. Elle prévoyait nos manifestations de joie, fort bruyantes, et l'avidité de nos mains à caresser le chiot au museau tout écrasé, tout humide, qui tremblotait, intimidé.

Elle s'empressait de nous apprendre que le petit chien avait à peine six semaines et venait d'être retiré à sa mère ; aussi devions-nous être très gentils à son égard pour qu'il ne se sente pas égaré. Il ne fallait surtout pas lui tirer les oreilles, jamais ! Au contraire, nous devions le flatter très doucement, sur le dos ou sous le cou, et toujours dans le sens du poil, ou encore juste derrière les oreilles, ce que tout chien apprécie particulièrement.

Habituellement, les premières nuits s'avéraient pénibles, perturbées par les pleurs du chiot, tristes lamentations nostalgiques qui déchiraient le cœur des trois enfants. Chacun aurait souhaité se lever pour aller consoler le bébé chien et même le ramener dans sa chambre et le coucher au pied du lit ; mais chacun de nous savait qu'une telle sollicitude était formellement défendue. Et cette inhumaine interdiction restait en vigueur durant plusieurs semaines !

Il fallait à tout prix que le pauvre chien s'habitue seul à son nouveau milieu. Jusqu'à ce qu'il apprenne à être propre, il était même emmuré, chaque soir, entre des boîtes de carton et contraint de dormir sur un plancher tapissé de plusieurs épaisseurs de papier journal, destiné à absorber ses pipis et recevoir ses crottes. En quelque sorte, le scénario des cages de serins se répétait...

À la maison, c'est ma mère qui prenait charge de la formation initiale de l'épagneul, alors qu'à l'extérieur mon père s'en réservait la tâche. Quand le chien avait atteint l'âge de dix ou onze mois, il l'emmenait avec lui dans ses randonnées de chasse et l'entraînait à lever perdrix et lièvres, derrière lesquels la pauvre bête courait en tous sens sans jamais les attraper. « Au contraire du chien, commentait mon père, les lièvres sont malins et savent faire de brusques bonds à 90 degrés ! » Pendant que le chien virait en dérapant et traçait une large courbe, l'animal prenait de l'avance et disparaissait. L'épagneul revenait tête basse, haletant, la langue pendante, aussi longue que ses oreilles.

Ma mère n'appréciait pas beaucoup que mon père fasse de l'épagneul son chien de chasse, car « la pauvre bête », disait-elle, revenait épuisée de ces longues randonnées en forêt, et affreusement sale ! Chaque fois, elle devait plonger le chien dans la baignoire, le savonner vigoureusement, le rincer et l'envelopper dans une serviette pour éviter qu'il ne s'ébroue partout dans la maison.

Plus encore que celle de la chasse, la période d'apprentissage de la propreté me chavirait le cœur, car le chiot se faisait frotter le museau dans sa mare de pipi chaque fois qu'il s'oubliait... Après quoi, ma mère le soulevait de terre par la peau du cou, ouvrait la porte extérieure en le grondant d'une voix coléreuse et le lançait sur le balcon, me semblait-il, plus qu'elle ne l'y déposait. Mon frère et ma sœur étaient aussi malheureux que moi ; il m'arrivait même de verser quelques larmes, dans l'espoir d'attendrir ma mère. « C'est la seule façon de le dompter, nous rappelait-elle chaque fois, et je ne lui fais aucun mal, soyez sans crainte ! »

Par chance, après quelques semaines, la première étape de formation était pratiquement terminée : mon jeune ami avait appris à se diriger vers la porte extérieure dès qu'il ressentait un urgent besoin et même à gémir si nous tardions à l'ouvrir. Quand il avait donné des preuves incontestables de propreté, son enceinte nocturne était enfin démolie. Désormais, il était affranchi ; et libre de choisir son lieu de prédilection pour dormir.

Parce que ma sœur n'appréciait pas la présence d'une bête dans sa chambre, mon frère et moi avions la chance de passer la nuit avec notre chien, couché tout près de nous, sur la carpette qui séparait nos lits jumeaux. Nous nous endormions le plus souvent après lui, trop occupés que nous étions à le regarder, à l'admirer ; il étendait ses pattes avant, y posait sa tête et restait ainsi jusqu'à notre réveil.

Mais il ne dormait toujours que d'un œil, littéralement, car nous avions pu souvent observer que même endormi, les deux yeux fermés, il levait une paupière au moindre bruit ; et si le son étranger se rapprochait trop, s'intensifiait, il émettait un grognement de plus en plus sonore pour avertir ses maîtres d'un danger potentiel.

Curieusement, si je me souviens aisément des divers noms de mes chats angoras, je ne parviens pas à me rappeler ceux de mes chiens épagneuls. La seule appellation qui revienne à ma mémoire est celle, plus que banale, de Fido. De celle-là je me souviens fort bien, mais d'aucune des autres. Serait-ce que tous mes épagneuls ont été affublés du même nom ? Peut-être...

Aujourd'hui, cette supposition me paraît des plus vraisemblable, car l'adoption d'un nom unique, prédéterminé et imposé à chaque nouvel arrivant, a dû régler une fois pour toutes l'épineux problème du baptême du chiot, chaque enfant voulant probablement lui accoler l'appellation de son choix. Devant une situation aussi conflictuelle, la sagesse de ma mère avait sans doute imposé à la lignée d'épagneuls les deux syllabes Fi/do, brèves, faciles à prononcer, formant à la fois le nom propre et le nom commun de tous les amis canins qui ont gardé mon enfance.

Avant l'âge d'un an, Fido avait habituellement achevé ses classes, avec grande distinction. Grâce à l'entraînement de mon père durant les fins de semaine, il était devenu un bon chien d'arrêt, nous affirmait-il, levant avec maîtrise lièvres et perdrix ; d'ailleurs, nous en avions régulièrement la preuve, car mon père revenait rarement de chasse sa gibecière vide. Toutefois, je me suis toujours refusé à goûter de ce gibier, que ma mère apprêtait pourtant avec un art consommé, j'en suis persuadé.

À l'art de dresser Fido, malgré les succès de mon père, ma mère remportait tous les honneurs aux yeux de ses trois enfants, car elle réussissait à lui enseigner toutes sortes de tours, dont l'exécution provoquait notre étonnement et notre ravissement. « Fais le mort ! » suggérait-elle ; et Fido se couchait sur le flanc, les yeux fermés, tous membres abandonnés. « Va chercher ! » commandait-elle ; et Fido partait dans une course folle jusqu'au bâton qu'elle avait lancé très loin et qu'il rapportait et déposait docilement à ses pieds. Je me souviens que le plus difficile, au début de cet entraînement, était de lui faire lâcher sa prise, au retour. Il s'obstinait à garder le bâton dans sa gueule, et nous tentions vainement de le lui retirer, tant il serrait les mâchoires.

En même temps, contradiction difficile à discerner, Fido devait apprendre, devant un étranger, à ne jamais desserrer les dents, à ne jamais lâcher sa prise. Là encore, ma mère y parvenait si bien qu'avant l'âge d'un an et demi Fido se voyait confier la responsabilité d'aller chercher le courrier au bureau de poste du village ! Seul ! Cela doit vous paraître incroyable, n'est-ce pas ? Mais à toutes trois, mes petites-filles, je jure que c'est vrai, que ce n'est pas là une histoire inventée. Parole de papy !

« Fido, va chercher le courrier ! » lui soufflait seulement ma mère en ouvrant le portillon de la clôture qui ceinturait notre terrain. L'épagneul partait sans courir, trottinant sur le trottoir qui longeait le tennis ; il traversait la rue, prudemment, atteignait bientôt le bureau de poste, grimpait les marches de pierre de la façade et s'asseyait devant la porte jusqu'à l'arrivée de quelqu'un. Il se faufilait alors à l'intérieur, se plaçait bien en vue de la postière, devant son guichet, et attendait patiemment qu'elle lui remette le courrier, par-dessus le comptoir.

Il rapportait les lettres dans sa gueule et, à son arrivée, les enveloppes n'étaient même pas humectées ! Pas une seule goutte de salive ! Si en chemin quelqu'un faisait mine de vouloir lui voler son courrier, il se mettait à grogner comme un enragé, menaçant, sans jamais lâcher prise.

Mon frère et moi, et même ma sœur, nous étions persuadés de posséder le chien le plus intelligent du monde. Aussi, quelle ne fut pas notre peine le jour où nous avons retrouvé le dernier de nos Fido étendu en bas du balcon, inerte ! Il est mort, alors qu'il n'avait pas encore cinq ans ! « Mort empoisonné ! » selon mon père ; « sans doute par quelque malveillant voisin », laissait-il entendre. Ma mère, elle, se refusait à adhérer à cette hypothèse, car pour elle personne ne pouvait être assez méchant pour accomplir un tel acte d'horreur !

Nous avons été si inconsolables, et si longtemps, que c'est sans doute notre tristesse prolongée, notre attachement excessif au dernier épagneul, qui ont déterminé ma mère à ne pas le remplacer. Mais, quelques semaines plus tard, elle revenait d'une visite chez une amie avec... ce que je vais vous raconter au prochain chapitre : un chaton rond comme une pelote de laine gris souris.

Après l'ère des épagneuls facteurs, s'est ouvert ainsi le règne des angoras, qui allaient imposer leur présence impériale de pachas gavés et sensuels.

6

Les pachas angoras

Au contraire des épagneuls, les chats se voyaient accorder tous les droits, jusqu'à celui de satisfaire leurs besoins naturels dans la maison : une boîte rectangulaire aux rebords peu élevés leur servait de toilettes ; elle était placée près de la porte extérieure de la cuisine d'été et remplie au tiers d'une couche de sable. Ils pouvaient également s'allonger n'importe où, nonchalamment, sans être molestés ; ma mère supportait même qu'ils dorment lovés sur les fauteuils ou sur le pied de nos lits !

Deux fâcheuses tendances leur valaient cependant une sévère réprimande : celle de s'aiguiser les griffes dans le tissu des fauteuils ou du divan du salon et celle de bondir sur le comptoir de la cuisine lorsque ma mère y apprêtait un repas. L'une et l'autre de ces mauvaises habitudes leur valaient l'humiliation suprême : attrapés par la peau du cou, suspendus en l'air, ma mère leur administrait une série de taloches et les projetait dehors avec une telle force que nous étions persuadés qu'ils allaient se tuer au moment de l'atterrissage.

Nous avons vite appris qu'un chat retombe toujours sur ses pattes et recommence irrémédiablement ses mauvaises actions, fort longtemps du moins. Tout l'art de dresser Fido I, II et III devenait avec la gent féline d'une efficacité très limitée ; tout au plus ma mère réussissait-elle à corriger les chats des pires délits qu'ils perpétraient.

Trois gros angoras ont successivement occupé mes loisirs, une femelle et deux mâles : le premier m'a tenu compagnie à la fin de ma prime enfance et les deux autres durant mes années d'adolescence. Au contraire des épagneuls, je me souviens aisément de leurs noms : Grisonne, Jonas et Rimbaud. La raison en est fort simple : mes parents avaient retenu, pour les deux derniers, le nom que j'avais moi-même choisi.

Jonas n'était aucunement relié à la légende biblique, n'ayant jamais séjourné dans le ventre d'une baleine ! Son nom provenait tout bonnement de la couleur légèrement jaune orangé de son pelage. Quant à Rimbaud, son entrée en scène a coïncidé avec ma découverte du poète des *Illuminations,* dont les œuvres m'enflammaient. De plus, il était fort indépendant et se comportait comme un vrai fauve ; aussi me plaisait-il de comparer sa volonté de liberté à celle de Rimbaud, que j'imaginais arrogant, non conformiste, révolté !

C'est grâce à Grisonne que j'ai été initié à quelques reprises, comme ma sœur et mon frère, au mystère de la naissance. Quand elle mettait bas ses chatons, habituellement trois ou quatre, les trois enfants étaient bien avertis de ne pas la déranger et de ne l'observer que de loin, « sans quoi, nous précisait ma mère, Grisonne va transporter ses petits ailleurs ; elle va vouloir les cacher et pourrait même les abandonner, les laisser mourir de faim ! »

Devant la gravité des conséquences qu'aurait pu entraîner notre curiosité, nous nous comportions plus que sagement, évitant de nous approcher de Grisonne, qui allaitait ses chatons aveugles et les léchait sans arrêt. Nous étions étonnés d'un tel souci de propreté, que notre mère ne manquait pas de nous servir en exemple : « Si vous faisiez seulement votre toilette aussi bien que Grisonne, souhaitait-elle, au lieu de vous contenter de vous mettre un peu d'eau sur la figure, je n'aurais pas à redire ! »

Il m'est quelques fois arrivé de voir Grisonne déplacer l'un de ses petits, sans raison apparente. Avec sa gueule, elle l'attrapait par le cou et le soulevait sans lui faire aucun mal, nous assurait ma mère. Le petit pendait mollement, balançait au rythme de la démarche de Grisonne, ses pattes frôlant le plancher.

Bien avant la nuit de la naissance, ma mère aménageait dans le coin le plus reculé du salon une boîte de carton aux rebords coupés, peu élevés, et au fond tendu d'un tissu très doux ; elle savait d'avance que la chatte élirait cette litière pour élever sa progéniture.

L'étape la plus amusante pour les enfants était celle où les chatons, lorsqu'ils voyaient et avaient acquis quelque assurance, tentaient vainement d'escalader le mur de leur gîte, pourtant très bas. Le jour où l'un d'eux y parvenait enfin, il basculait de l'autre côté, s'affaissait sur le plancher et se relevait tout penaud, s'essayant à ses premiers pas, mal assurés. Grisonne se contentait de l'observer, sans intervenir, en apparence indifférente ; mais, chaque fois, le héros de cet exploit ou plutôt le déserteur était prestement ramené chez lui, dans la gueule de sa mère.

Dès que les chatons atteignaient l'âge de trottiner, je m'amusais beaucoup avec eux en tirant au bout d'une ficelle un morceau de papier chiffonné. Ils essayaient de l'attraper, couraient en tous sens, sans jamais se lasser de ce jeu. C'était encore plus divertissant de faire rouler une balle de caoutchouc sur le plancher de la salle à manger, recouvert d'un linoléum très glissant. Les chatons s'élançaient à sa poursuite, si rapidement qu'ils dérapaient et que leur course se terminait habituellement contre un mur ; ils y butaient tête la première, faute de pouvoir freiner sur cette surface trop lisse.

Malheureusement, nous avions à peine le temps de nous attacher à nos chatons qu'ils disparaissaient, l'un après l'autre. « Nous ne pouvons garder tant de chats ! » nous affirmait notre mère, malgré nos souhaits, nos récriminations, nos jérémiades. « Vous savez, ils sont très heureux chez les gens qui les acceptent ! » ajoutait-elle pour nous consoler de leur perte. « Et d'autres enfants comme vous connaissent ainsi le bonheur d'avoir un chat. Ne serait-ce pas égoïste de votre part de vouloir tous les garder, juste pour vous ? » Devant cet argument moral, il nous fallait bien abdiquer ; nous cédions et mettions fin à nos revendications larmoyantes.

La départ successif des chatons se prolongeait durant plusieurs semaines car, malgré leur beauté, ma mère semblait éprouver de la difficulté à leur trouver un foyer d'accueil. Ma sœur et mon frère lui venaient en aide en les proposant à leurs amis, avec qui ils faisaient alliance pour convaincre leur mère d'accepter leur offre, à leurs yeux très généreuse. Ils vantaient les chats à qui mieux mieux : « Ils sont si mignons, si gentils, si amusants ! » Ils insistaient tant qu'ils emportaient parfois le consentement d'une mère.

Leur campagne d'adoption s'est intensifiée le jour où nous avons appris que la dame qui nous avait donné Grisonne devait être une sorcière, une vraie sorcière ! Comment notre mère pouvait-elle être amie avec une telle femme ? Lorsque sa chatte avait une nombreuse portée, cette meurtrière enfermait dans une poche les chatons qui n'avaient pas trouvé preneur, y plaçait une pierre, ficelait solidement l'ouverture et allait jeter le tout dans la rivière, du haut du pont !

Contre un tel acte d'infamie, nous nous sommes élevés, révoltés ! Nous avons même condamné cette femme, unanimement, à être jetée à l'eau du haut du pont, à son tour, et noyée ! « Ce sont des racontars de mauvaises langues », a rétorqué ma mère lorsque nous lui avons parlé de ces crimes... De toute évidence, elle voulait apaiser notre désarroi. « Voyons, les enfants, vous n'allez pas croire de telles inventions, de telles calomnies ! »

Nous n'avons rien répliqué ; mais une fois dans notre chambre, en secret, mon frère Jacques nous a affirmé que l'un de ses amis avait bel et bien vu cette femme jeter une poche du haut du pont !

Les nuits suivantes, nous avons sans doute vécu d'abominables cauchemars : de pauvres chatons se débattaient au fond d'une poche, se cassaient les griffes à tenter vainement d'y percer une ouverture et finalement avalaient tant d'eau qu'ils mouraient noyés. Ils ne tardaient pas à devenir la proie de gros et hideux poissons, aux yeux exorbités, aux mâchoires énormes, grandes ouvertes, munies de rangées de dents aussi pointues et acérées que celles des scies de mon père !

C'est à partir de ce jour que nous avons décrété, d'un commun accord, que Grisonne n'aurait plus d'autres enfants, et nous avons fait part de notre décision à notre mère. « Si c'est là votre désir, a-t-elle simplement rétorqué, je n'ai d'autre choix que de la donner ou de la faire opérer. » Mon frère et ma sœur m'avaient confidentiellement révélé qu'il faudrait lui ouvrir le ventre avec un couteau ! Nous nous opposions à une telle barbarie ; aussi avons-nous négocié le remplacement de Grisonne par un mâle.

Un mois plus tard, un gros matou jaune d'or, âgé déjà de quelques années, faisait son entrée majestueuse dans notre vie. C'était Jonas l'indifférent, l'orgueilleux, le magnifique ! Nous avions été bien avertis de nous en méfier : il avait de longues griffes et s'en servait avec une agilité, une célérité remarquables !

Sa présence, dans mes souvenirs, est entachée de quelque crainte et des soins incessants à donner à son pelage.

À certaines périodes de l'année, il quittait la maison durant plusieurs jours, sans même y revenir la nuit. J'étais chaque fois persuadé qu'il était perdu, qu'il ne rentrerait plus, que je ne le reverrais jamais. Et je lassais ma mère avec mes lamentations, mes recherches et ma tristesse. Elle, tout comme mon père, restait très calme, assurée que Jonas ne manquerait pas de revenir sous peu. « Ce sont ses journées de fredaine ! » lançait-elle sans que je comprenne tout à fait ce qu'elle voulait dire. Pas plus que je ne saisissais le sens de l'autre commentaire qu'elle émettait parfois, en souriant : « Il court sans doute la galipote... Il va se lasser ! »

Je dois reconnaître qu'elle avait chaque fois raison : Jonas, le chat prodigue, revenait toujours, un peu penaud, très affamé, apparemment épuisé. Ses fugues se limitaient à quelques jours, au bout desquels il pressentait sans doute le chaleureux accueil qui lui serait réservé : bombance, tapis et fauteuils douillets, longues heures de sommeil paisible. Il récupérait, sans aucune manifestation de gratitude à notre égard, nous, les enfants, qui le dorlotions à son retour au lieu de le gronder.

Le printemps, au grand désespoir de ma mère, Jonas revenait de ses fredaines avec des nœuds de poils trouant sa fourrure, ici et là. Patiemment, ma mère devait consacrer des heures à réparer les dégâts des fugues amoureuses de ce don Juan ; un à un, elle retirait les longs poils soyeux agglomérés autour des chardons, si emmêlés qu'elle devait parfois recourir, ô sacrilège, à une paire de ciseaux... et couper !

Jonas se laissait toiletter, sans bouger, tandis que j'observais, suppliant ma mère de ne pas couper trop de poils. La cure se terminait habituellement par une menace : « Sale matou, si tu recommences, je te rase complètement ! » Je m'empressais de retirer Jonas des mains de ma mère, craignant qu'elle ne mette à exécution, et sur-le-champ, sa mauvaise intention. J'allais le coucher, le flatter, le consoler dans un coin de ma chambre.

Jonas nous faisait encore subir d'autres tourments, en se présentant devant la porte d'entrée, un mulot vivant et gigotant dans sa gueule. Chacun prenait bien garde de ne pas lui ouvrir, et ma mère l'aurait certes grondé si elle n'avait considéré naturels, tout de même, ses retours de chasse triomphants.

Devant notre obstination à lui refuser le gîte, Jonas abandonnait habituellement sa proie sur le balcon, simulait de ne plus s'en préoccuper. Mais, au premier mouvement de fuite qu'esquissait le mulot, il sautait dessus, plus vif que l'éclair. D'un coup de patte il le lançait en l'air et s'en amusait comme d'un morceau de papier chiffonné. Ce jeu sadique durait jusqu'au décès du mulot, que Jonas, hautain, dédaigneux et surtout trop bien nourri, ne mangeait même pas. C'est à mon frère que revenait la tâche ingrate de ramasser la dépouille du bout des doigts, en la tenant par la queue, et d'aller la jeter dans la poubelle, près du garage.

Au rebelle Jonas a succédé le langoureux Rimbaud, dont l'apathie contredisait le pelage fauve. Bien loin de lui l'idée de s'enfuir ou seulement de se permettre une brève fugue ! Son comportement s'avérait en contradiction flagrante avec les caractéristiques rimbaldiennes que je lui avais prêtées en le baptisant. Je m'étais trompé, mais complètement trompé ! Il passait ses journées lové sur un fauteuil du salon ou étendu de tout son long au beau milieu de mon lit ou de celui de mon frère. Il avait vite compris que le lit de ma sœur ou de mes parents lui était interdit.

À mon réveil, je le retrouvais couché en demi-cercle sur mon oreiller, m'entourant la tête et ronronnant. Quand je me levais, il me suivait à la cuisine, se frôlait contre ma jambe dans l'attente du bol de lait que je ne tardais jamais à lui verser. Puis, il allait se prélasser quelque temps à l'extérieur, enterrait ses crottes dans les plates-bandes de fleurs de ma mère, ce qu'elle ne prisait guère, tout en n'ayant d'autre choix que la résignation.

Les jours de soleil et de grande chaleur, il se glissait sous une talle de pivoines. Là, bien étendu à l'ombre, parfaitement dissimulé, il épiait le sautillement des oiseaux qui venaient picorer les graines de gazon que répandait régulièrement mon père, afin de réparer les taches jaunes qui trouaient la nappe verte de la pelouse à la suite de l'essai d'un nouveau produit chimique, destiné à ne détruire que les mauvaises herbes...

De son poste de guet, Rimbaud savait détecter les oiseaux étourdis, inconscients du danger. Il lui est arrivé plusieurs fois, d'un bond plus vif que s'il avait été catapulté, d'attraper l'un de ces écervelés qui s'était approché trop près de la masse de pivoines. L'imprudent mourait aussitôt et Rimbaud l'abandonnait sur le lieu même du massacre, tout comme Jonas délaissait ses mulots dès qu'ils cessaient de bouger.

À l'époque du poète et du chat Rimbaud, je passais de longs moments au bureau que mon père avait aménagé à l'étage, tout au bout de la cage d'escalier. J'y faisais mes devoirs, y étudiais mes leçons et lisais les auteurs dont je découvrais les œuvres, émerveillé. Presque toujours, Rimbaud venait me retrouver, sautait sur le bureau, s'allongeait n'importe où, sans discernement : sur mes papiers, mes cahiers, mes livres. Je le repoussais juste assez pour qu'il ne puisse me nuire, le flattais tranquillement, tout en travaillant ; et lui me récompensait du doux ronronnement de son *p'tit moteur*, comme je disais alors.

Jamais je n'ai eu chat si calme, si paisible que Rimbaud ! Sa sagesse olympienne provenait en fait de l'émasculation que très tôt lui avait fait subir ma mère, chez un vétérinaire. Elle était lasse des gémissements des chattes qu'avait attirées Jonas, lasse des fugues qui bouleversaient les enfants, lasse des chardons qu'elle devait extraire du pelage au retour de folles virées. Elle s'était promis qu'avec Rimbaud elle connaîtrait la quiétude, la paix ! Ainsi en fut-il, car je n'ai jamais connu chat si philosophe.

Rimbaud a clos la lignée de mes pachas angoras, en m'accompagnant toutefois jusqu'aux jours de l'université. Quand il a disparu, je n'ai pas éprouvé beaucoup de regret : d'autres intérêts, que vous comprendrez plus tard, mes petites-filles, l'avaient remplacé. Et ces nouvelles amours s'avéraient encore plus félines que toutes celles jusque-là connues !

7

Le hibou
sur le secrétaire-bibliothèque

Le salon occupait un angle de la maison de pierres ; deux de ses murs étaient percés d'une large et haute fenêtre comme celles des chambres et de la salle à manger. Un immense secrétaire-bibliothèque couvrait le pan de mur que laissait libre la fenêtre s'ouvrant au sud-ouest. Ce meuble géant, vous le connaissez bien, Mimi, Geneviève et Anne, car il a survécu au temps, aux déménagements, et finalement s'est retrouvé chez vous, tout au fond de votre salle à manger. Presque tous les jours, vous passez devant sa large et haute masse, tout comme moi quand j'avais votre âge. L'avez-vous bien examiné ? Voyons tout de même si ma mémoire d'enfant va me permettre de bien vous le décrire.

Ce meuble est si lourd, si imposant, qu'il m'était difficile d'imaginer, quand j'étais petit, comment il avait pu être déménagé, hissé dans l'escalier de l'entrée et traîné jusqu'à son emplacement. Formé de trois éléments, il s'élevait à une telle hauteur qu'il dépassait la taille de ma mère et même celle de mon père. À mes yeux, il semblait atteindre le plafond !

Deux bibliothèques à porte de verre biseauté, munie d'une serrure, abritaient des livres sur des tablettes très profondes. Sous chacune, près du plancher, un tiroir débordait de cartes géographiques et de papiers disparates. Ces éléments identiques flanquaient la partie centrale du meuble, légèrement plus basse et plus large, surmontant également un tiroir à ras de sol, semblable aux deux autres ; en dessous, deux portes donnaient accès à un casier, où quelques bouteilles occupaient à peine le dixième de l'espace disponible.

Par-dessus, un grand aplat pouvait se rabattre ; retenu horizontalement par deux glissières métalliques, il servait de table escamotable pour écrire. Ce compartiment, qui servait de secrétaire, était le plus secret et le plus singulier, car de multiples cases, formées par de minces divisions, en quadrillaient le fond : les unes verticales, très étroites, les autres horizontales et larges, et certaines minuscules, à peine assez grandes pour y ranger une mince pile d'enveloppes.

Cette partie centrale, peu élevée, s'encastrait entre les bibliothèques latérales ; un grand miroir biseauté, encadré d'une large bordure de bois sculpté se prolongeant au-dessus des bibliothèques, fermait le fond de cette cavité et réfléchissait le grand hibou empaillé qui se dressait fièrement au centre de cette alcôve.

Ce meuble aux proportions géantes a hanté mon enfance, mais les raisons de son attrait ont évolué avec l'âge. Très jeune, c'est le hibou empaillé qui me fascinait, tout en m'effrayant quelque peu ; un jour, en me hissant au bout de ses bras, mon père m'avait fait toucher cette masse de plumes, très douces. Chaque fois que j'entrais au salon, le rapace me regardait de ses grands yeux ronds à lunettes et semblait épier mes moindres mouvements.

Perché sur une pièce de bois très rustique, il me paraissait énorme et menaçant, malgré son immobilité, d'autant plus que le miroir en doublait l'image. Sa large tête, sans cou apparent, posée sur une collerette de plumes, prolongeait directement son poitrail légèrement bombé, au point que sa face, sans relief, se confondait avec son corps. Seuls ses yeux, encerclés de plumes en forme de lunettes, la délimitaient, ainsi que son bec crochu, appendice protubérant et inquiétant.

Ce bec était si pointu, tout comme les longues serres recourbées des pattes, tout emplumées, que j'ai mis longtemps à m'apprivoiser à la présence taciturne du hibou, perché sur le secrétaire-bibliothèque. Il me regardait si fixement, me paraissait parfois si vivant que je le croyais prêt à s'envoler et à plonger sur sa proie, en planant à ras de sol. Par crainte d'une attaque, tout imaginaire, je me précipitais hors du salon !

C'est sans doute ce hibou empaillé, malheureusement disparu de son emplacement, qui a cristallisé mes souvenirs du secrétaire-bibliothèque. Même aujourd'hui, en me fermant les yeux, je revois de façon précise, détaillée, les poignées de cuivre des tiroirs, tournées en forme de parenthèse horizontale, ondulante, surmontées à leur centre d'un renflement oblong. Je pourrais quasi dessiner les plaques très ouvragées appliquées autour des serrures du secrétaire et des bibliothèques, ou encore les motifs et volutes en bas-relief de l'encadrement du miroir et de ses ailes déployées au-dessus des bibliothèques.

Plus tard, c'est la série de gros volumes du *Dictionnaire ency-clopédique Larousse* qui a retenu mon attention. Reliés en toile verte, ces grands livres, si lourds que j'avais peine à les soulever et les transporter, occupaient toute la largeur de l'une des bibliothèques. Leurs grandes pages ondulées avaient acquis leur déformation au cours d'une inondation : immergés durant plusieurs jours, les feuillets avaient adopté la forme des vagues. Une reliure solide avait remplacé les couvertures originales, trop abîmées par l'eau, sans réussir toutefois à raplatir les ondulations des feuillets.

Autorisé très jeune à pénétrer dans le monde merveilleux que renfermaient ces livres immenses, j'allais souvent au salon, tournais la clef de la bibliothèque au bas de laquelle était rangé le Larousse, et tirais avec force pour ouvrir la porte vitrée, sans poignée. Je m'asseyais par terre, faisais glisser l'un des tomes de l'encyclopédie, au hasard, le posais délicatement sur le tapis, entre mes jambes, et en feuilletais les pages, richement illustrées, croyais-je alors ; en fait, je m'illusionnais, car en 1912, date de publication de ce dictionnaire, les ouvrages de ce genre ne présentaient que des images en noir et blanc, d'assez piètre qualité.

Peu importe ! En silence, je pénétrais dans la caverne d'Ali Baba, qui recelait les fabuleux trésors de l'humanité. Je m'arrêtais surtout aux mots dont l'illustration suscitait mon intérêt : animaux, poissons, planches anatomiques, etc. Ma mère ne disait mot, appréciant sans doute ces heures de tranquillité durant lesquelles je demeurais absorbé dans mes recherches, sous l'œil sage du hibou, devenu plutôt amical.

Est-ce ainsi que j'ai appris à aimer les mots et les livres ? Peut-être... En tout cas, ces dictionnaires ont pour moi tant signifié que je n'ai jamais pu m'en détacher ; ils occupent encore, malgré leur vétusté, une tablette entière de mes bibliothèques. Peut-être même retrouveront-ils un jour, chez vous, leur place originelle... ?

Si je parle tant du secrétaire-bibliothèque, que j'ai tenu à conserver le jour où mes parents ont dû s'en départir, faute d'espace dans leur nouvelle demeure, c'est aussi parce qu'ils semblaient fort tristes à l'idée de vendre ce meuble à des étrangers, et pour une somme ridicule.

C'est à ce moment-là que j'en ai appris l'origine : de style anglais, il remontait à la seconde moitié du XIXᵉ siècle et avait été acquis par le père du notaire du village, sénateur au gouvernement fédéral ; mes parents l'avaient acheté, je crois, lors d'un encan. Aujourd'hui, plus que centenaire, il vieillit paisiblement dans la résidence de ma fille, votre maman Nathalie, aussi conservatrice du patrimoine familial que je l'ai moi-même été.

Quant au hibou, il s'est sans doute enfui lors d'un déménagement... À moins que mes parents ne l'aient donné à des amis, las de le conserver et surtout de l'épousseter avec la minutie que requérait l'opération de nettoyage de ses plumes ? Ou encore l'auraient-ils tout simplement jeté, parce que mité ?

De la disparition du sage hibou de mon enfance, il ne me reste aucune indication précise : je ne saurais dire ni quand, ni comment il s'est un jour envolé. Malgré tout, son auguste présence n'a jamais quitté mon esprit, tant elle a marqué, au salon de la maison de pierres, mes séances de lecture et mes exercices au piano. Et je regrette un peu qu'il ne puisse plus, aujourd'hui, observer du haut du secrétaire-bibliothèque le va-et-vient de mes trois petites-filles.

Mais, du mobilier de mon enfance, je regrette encore plus la disparition de la pièce à laquelle j'étais le plus attaché. À ce point que je vous dois maintenant d'en évoquer le souvenir...

8

Le piano aux trois médailles

Mon grand-père maternel, Olier, que vous connaissez un peu déjà, a fait carrière dans la force policière de Montréal. Je ne l'ai jamais vu en uniforme de gendarme, car il était déjà retraité quand je suis né. Néanmoins, je me le représentais facilement, tant sa haute taille et sa carrure m'impressionnaient : il devait mesurer 1,88 mètre et peser 102 kilos. Sans doute n'éprouvait-il aucune difficulté à imposer son autorité !

Pourtant, avec ses trois petits-enfants, dont il a partagé long-temps la vie quotidienne, étant venu habiter chez sa fille Margue-rite après la mort de ma grand-mère Emma, il se montrait d'une douceur et d'une patience exceptionnelles. Toujours disposé à jouer une partie de cartes ou de dames, comme je vous l'ai déjà dit, il nous consolait ainsi de nos peines et semblait vraiment intéressé à s'associer à toutes nos découvertes.

Si le chagrin était sérieux, il prenait un malin plaisir à nous raconter une histoire de son cru, dans laquelle des enfants connaissaient une vie toujours plus misérable que la nôtre ; ces récits improvisés hantaient longtemps nos esprits. Mais, quand nous lui demandions de nous les raconter de nouveau, il affirmait ne plus s'en souvenir ; si nous insistions, il inventait une nouvelle histoire, tout aussi attristante que les précédentes.

Dans la fanfare du corps policier, il avait occupé le poste de tromboniste, fonction qui nous paraissait beaucoup plus importante que sa carrière de constable. Par nostalgie ou simple désir de nous plaire, il apportait parfois son instrument de musique au kiosque tapissé de courges. J'étais chaque fois émerveillé d'entendre les sons éclatants qu'il tirait de ces longs tubes de cuivre luisant, recourbés, dont l'un se terminait en cornet très ouvert ; il les faisait coulisser, variant sans cesse le mouvement de son bras droit, et jouait les mélodies que sa fille, encore plus musicienne que lui, interprétait au piano.

Durant toute sa jeunesse, ma mère avait mené une carrière de pianiste ambulante, pourrait-on dire. « À l'époque de ma vie de jeune fille, nous confiait-elle, je jouais du piano des nuits entières ! Pour faire danser les gens. Il n'y avait pas de gramophones, dans ce temps-là, ou ils étaient si rares ! D'ailleurs, les sons qui en sortaient étaient bien maigres ! Par contre, dans presque toutes les maisons, se trouvait un piano. On me demandait de partout pour aller jouer, à l'occasion d'un mariage ou simplement d'une fête organisée entre voisins. Je partais avec le cheval, l'été en carriole, l'hiver en traîneau, abritée du froid sous une lourde peau d'ours, et je me rendais dans tous les rangs, souvent jusqu'à des villages éloignés, d'où je ne revenais que le lendemain. »

Quand ma mère nous racontait ses longues randonnées dans la neige et les grands froids d'hiver et ses nuits blanches à jouer du piano, nous décrivant par le menu détail l'atmosphère de fête qui colorait les joues des femmes et le nez des hommes, ses trois enfants l'écoutaient religieusement, comme si Ulysse lui-même nous eût conté ses voyages et ses exploits. Elle se mettait parfois au piano et nous jouait des airs populaires de son époque, tel *Le cheik d'Arabie*, dont j'ai même retenu le titre. Son répertoire était si vaste et les mélodies si familières qu'elle aurait pu jouer durant des heures et des heures sans jamais répéter le même air.

Malgré son talent et son entrain, ce qu'elle adorait et préférait par-dessus tout, c'était d'écouter ma sœur Jacqueline, qui apprenait le piano et la musique classique au couvent des sœurs de la Congrégation de Notre-Dame, où elle faisait ses études ; elle y a obtenu un lauréat en musique avec grande distinction. Plus tard, ce fut à mon tour de la charmer avec mes interprétations de Chopin, compositeur dont elle affectionnait les œuvres. Après un prélude et un nocturne, il me fallait encore jouer pour elle l'une des *Études*, malgré leur difficulté technique.

Mon frère Jacques, lui, a appris le violon et s'est très tôt constitué une remarquable discothèque. Ma mère aimait non seulement l'entendre jouer, accompagné par ma sœur ou moi-même, mais encore lui demandait-elle souvent de lui faire tourner un disque, de préférence les *Études* de Chopin, jouées par Rubinstein, ou l'une des sonates de Beethoven, interprétées par Schnabel, ou encore l'une des pièces pour orgue de Jean-Sébastien Bach, enregistrées par le Dr Schweitzer à la cathédrale de Strasbourg.

À cette époque, les disques étaient bien différents de ceux que vous connaissez. Ils étaient très grands, lourds, cassants, s'usaient rapidement, contenaient chacun peu de musique et tournaient à 78 tours/minute. Remplacés par les 33 tours, puis les cassettes et les disques compacts que vous utilisez, ils sont à peu près complètement disparus, au point que vous n'en avez sans doute jamais vu. Tout de même, mon frère Jacques s'était constitué une très belle collection et, à la maison, nous pouvions écouter toutes les grandes œuvres musicales.

C'est grâce à ma mère que j'ai appris le piano et développé l'amour de la musique, tout comme ma sœur et mon frère ; grâce aussi à la générosité de mon grand-père, qui défrayait en partie le coût de nos leçons. Ma mère savait si bien nous encourager et supportait si patiemment nos exercices ! Néanmoins, la moindre de nos fausses notes, elle nous la signalait illico, même si elle se trouvait à l'autre bout de la maison, dans la cuisine d'été, par exemple, occupée à préparer le repas pendant que l'un ou l'autre de ses enfants répétait une pièce. Nous étions émerveillés de la finesse de son oreille, tout comme de son aisance à improviser l'accompagnement de n'importe quel morceau ou à jouer n'importe quelle mélodie, dès que nous lui en avions soufflé les premières notes.

Elle aimait tant la musique et souhaitait tant que ses enfants parachèvent leurs études musicales qu'après seulement quelques années de piano j'ai reçu le plus beau cadeau qu'enfant ait jamais obtenu ! Je dois dire qu'à l'époque de mes études collégiales je passais à mon piano deux et même trois heures par jour, assiduité qui ravissait ma mère et la récompensait de ses efforts et de sa patience à mon égard.

Tout de même, le cadeau était si exceptionnel, si inattendu, et d'un tel prix, que je ne peux que supposer une intervention discrète de mon grand-père pour que mes parents se soient décidés à effectuer une telle dépense, eux qui, sans être pauvres, n'étaient pas particulièrement riches. Sans doute était-ce un vieux rêve de ma mère, que mon grand-père l'avait incitée à réaliser en lui fournissant une importante contribution financière, d'autant plus rondelette qu'il se considérait privilégié de pouvoir habiter avec sa fille !

Un jour, sans que les enfants en aient été prévenus, un énorme camion de déménagement s'est garé devant l'entrée principale de la maison. Trois hommes en sont sortis ; l'un d'eux a sonné et dit à ma mère : « Nous apportons le piano. » Elle s'est contentée de répliquer : « Très bien, la place est prête, vous pouvez le rentrer. » C'est seulement à cet instant que j'ai remarqué qu'on avait, la veille, déplacé le piano droit sur lequel j'avais fait mes premières gammes. « Quel piano ? » ai-je demandé, surpris. « Tu vas voir, tu vas voir ! » n'ai-je obtenu pour toute réponse.

Au flanc du camion se sont ouvertes deux larges portes, et trois hommes sont disparus dans l'immense boîte... Au bout de quelques minutes, j'ai vu apparaître une masse de couvertures dont la forme pouvait être celle d'un piano à queue, posé verticalement. Rayé de gros et larges élastiques noirs retenant les housses protectrices, le cadeau rectangulaire, étroit, haut et très long, roulait sur un chariot à grosses roues de caoutchouc, tiré par l'un des hommes et poussé par un autre.

Après avoir glissé sous les deux bouts de l'énorme objet d'épaisses et larges courroies de cuir, qu'ils ont passées sur l'une de leurs épaules, transversalement au dos et à la poitrine, les déménageurs ont soulevé la lourde masse, descendu la rampe posée entre le plancher du camion et la première marche de notre escalier. Puis, très lentement, ils ont gravi les quelques autres marches et posé leur fardeau en plein milieu du couloir de l'entrée, le temps d'un court repos, avant de le soulever de nouveau et de le faire pénétrer obliquement dans le salon, avec mille précautions, pour ne pas heurter l'embrasure de porte.

Enfin parvenue à destination, posée en plein centre du salon, la mystérieuse surprise y a été abandonnée, pendant que ma mère servait aux déménageurs un verre de limonade. J'agonisais d'impatience et de curiosité, même si j'avais depuis longtemps deviné que les vieilles couvertures camouflaient un piano à queue. Pourtant, je ne parvenais pas à y croire tout à fait : c'était trop beau, trop inespéré, trop extraordinaire, pour que je prête foi à mon imagination ! D'ailleurs, qu'allait-on faire du piano droit, déplacé devant le divan ?

L'attente m'a paru durer une éternité ! Pour ajouter à mon supplice, ma mère a versé un deuxième verre aux trois hommes, et ce n'est qu'après l'avoir bu, quasi d'une traite, heureusement, que l'un d'eux s'est mis à retirer les élastiques et les couvertures qui protégeaient et cachaient le précieux contenu. Alors est apparue la merveille, dans toute sa splendeur : un piano à queue, étincelant, au bois brun rougeâtre, couvert de motifs !

Trop content, trop ému, je ne savais quoi dire ; je me suis jeté dans les bras de ma mère. Quel âge avais-je ? Onze ou douze ans, je crois. Je n'en étais qu'à ma première ou deuxième année d'étude régulière du piano, avec un professeur laïque qui enseignait au collège que je fréquentais. Auparavant, je n'avais que pianoté, guidé par ma mère.

« Il n'est pas neuf, a-t-elle tenu tout de suite à me faire remarquer, mais c'est un instrument exceptionnel, un piano allemand, tout en bois de rose, qui a gagné trois médailles d'or lors de grandes expositions ! Nous avons eu une chance exceptionnelle de pouvoir l'acquérir. Es-tu content ? » Au lieu de répondre affirmativement, de manifester ma joie, je lui ai demandé où étaient les pattes du piano. « Dans le camion ; les hommes vont les apporter, sois sans crainte ! » Il me tardait de voir le piano dans sa position normale, horizontale, d'en faire le tour, de le toucher.

Mais les hommes ont d'abord recouvert notre ancien piano droit avec les housses qu'ils avaient retirées et l'ont transporté dans le camion, après quoi chacun est revenu portant un pied du piano à queue, tout ouvragé et si lourd que je n'aurais pu en soulever un. Avec d'énormes boulons noirs à tête carrée, passés dans la partie supérieure des pattes et vissés sous le piano, ils ont solidement fixé les trois pieds, puis ont soulevé très haut l'énorme instrument, l'ont incliné en fournissant un effort considérable et finalement posé à l'horizontale. Ma mère, disparue dans sa chambre, en est revenue avec beaucoup d'argent, qu'elle a remis à l'un des trois hommes, et ils sont aussitôt partis.

J'avais l'impression que le nouveau piano occupait tout le salon, tant il me paraissait démesurément grand ! J'en ai fait le tour plusieurs fois, admiratif, scrutant chaque détail. Les trois pieds, chacun relié au sommet à une longue pièce de bois rectangulaire, étaient très gros, presque ronds et formaient deux courbes opposées ; ils s'amenuisaient légèrement à leur base, haussée sur de larges roulettes pivotantes, fichées sous une patte griffue, en partie recouverte d'un métal brillant. Toute la partie supérieure était très sculptée, tout comme les bases, qui ressemblaient à de grosses pattes d'ours ou de lion.

« Tu vois tous les motifs que dessine le grain du bois ? m'a fait remarquer ma mère, en tournant autour du piano, elle aussi. C'est ça, du bois de rose ; c'est l'un des plus beaux bois qu'on puisse trouver ! » J'admirais ces motifs variés que laissaient transparaître les nombreuses couches de vernis et surtout la chaude couleur du bois, comparativement à notre ancien piano droit, uniformément noir.

L'examen extérieur terminé, ma mère a soulevé le large rabat qui dissimulait les notes du clavier ; il a basculé dans le piano, y disparaissant complètement. Puis, sur la partie supérieure avant, elle a soulevé un grand rectangle et l'a rabattu vers l'arrière ; j'ai alors noté qu'un des coins débordait de la courbe où s'amorçait la queue du piano. Elle a ensuite relevé un lutrin, puis tout le dessus du piano, qu'elle a appuyé avec un levier dissimulé à l'intérieur. D'un seul coup, toutes les cordes, au-dessus de la table d'harmonie, me sont apparues ! Il y en avait des centaines ! Je pouvais même voir tous les marteaux et tous les feutres !

« Tu veux l'essayer ? » m'a-t-elle proposé. « Non, joue, toi, ai-je répliqué, malgré ma hâte de toucher les notes. Je vais mieux l'entendre si tu joues. » Elle s'est assise sur le tabouret rectangulaire, sans doute arrivé en même temps que le piano, mais que je n'avais pas remarqué, et elle s'est mise à jouer. La tête dans le piano, j'observais, médusé, le mouvement des marteaux et l'action du pédalier, qui soulevait tous les feutres en même temps. Les cordes vibraient, résonnaient si fort dans mes oreilles que je me les serais bouchées des mains si l'attrait de la nouveauté ne m'en eût empêché.

Après une dizaine de minutes, j'ai pianoté à mon tour, mais peu longtemps. Mon père, mon frère et ma sœur sont arrivés, se sont émerveillés, eux aussi, puis tous ensemble nous avons roulé le piano à l'emplacement qui lui était réservé, dans le coin opposé au secrétaire-bibliothèque. Ma sœur a joué, mieux que moi, va sans dire, car elle était beaucoup plus avancée dans ses études. Les sons se projetaient hors de l'instrument, remplissaient le salon et se répandaient dans toutes les pièces, où je courais pour vérifier jusqu'où ils se propageaient. Les notes devaient rebondir jusque dans la rue !

« Les enfants, c'est l'heure du souper, il faut fermer le piano ! a soudain crié ma mère. Venez ! » Pendant le repas, elle nous a annoncé qu'exceptionnellement nous pourrions jouer du piano après avoir mangé. « Mais, chaque fois que vous jouerez, nous a-t-elle averti, il ne faudra jamais oublier de refermer le piano, c'est bien compris ? » Un « Oui, oui ! » unanime, marmonné en chœur, fut notre réponse.

Ce soir-là, en rabattant la partie antérieure du couvercle, j'ai remarqué trois grandes médailles rondes, en cuivre brillant, portant des motifs en relief et des inscriptions en allemand. Ma mère m'a indiqué qu'il s'agissait de médailles remportées lors d'expositions, sans doute en Allemagne ou ailleurs en Europe, en tout cas « dans les vieux pays », comme elle disait.

Au-dessus du clavier, on pouvait lire un nom, bien centré, écrit en lettres dorées : ROSENKRANTZ. « C'est la marque du piano, c'est un Rosenkrantz, a-t-elle commenté avec fierté. Quelle chance nous avons eu de pouvoir l'acquérir ! » Quelque instants plus tard, elle a ajouté : « J'espère que tu continueras à bien travailler et que tu y feras attention comme à la prunelle de tes yeux ! »

« Sois sans crainte ! » ai-je aussitôt répliqué. Évidemment que j'allais traiter le piano à queue avec tous les égards qu'il méritait ! J'osais à peine y toucher, les premiers jours, tant il m'intimidait, tant il me paraissait démesurément long, lorsque j'étais assis devant le clavier. J'étais aussi fort impressionné par les trois médailles fixées sur le couvercle et si fier de ces trophées que je n'ai pas tardé à en parler à tous mes copains, à vanter la sonorité de mon instrument et surtout à leur confier que MON piano avait remporté des médailles dans toutes les expositions internationales, ce qui sans doute, j'en suis aujourd'hui conscient, devait les laisser plutôt indifférents !

Je regrette cependant de ne pas avoir eu la curiosité de demander à mes parents d'où provenait cette merveille. Peut-être l'ai-je déjà su et tout bonnement oublié, tout comme l'âge qu'avait MON piano à queue, que je m'étais vite approprié. En tout cas, je n'ai pas tardé à noter que l'ivoire du clavier était légèrement jauni et que les pieds portaient quelques égratignures.

Malgré tout, j'ai toujours eu l'impression d'avoir reçu en cadeau un piano neuf. Et la surprise a été si motivante qu'à partir du jour où le Rosenkrantz est entré dans la maison de pierres, j'ai redoublé d'ardeur ; mes répétitions sont devenues plus fréquentes et plus longues, à la très grande joie de ma mère, qui entrevoyait sans doute le jour où l'un de ses enfants deviendrait un grand pianiste...

À mon entrée à l'université, j'ai dû abandonner la pratique du piano, mais l'amour de la musique ne m'a jamais quitté ; c'est sans doute le legs de ma mère dont je lui suis le plus reconnaissant. Après mon mariage avec votre mamy, j'ai pu garder le Rosenkrantz durant quelques années, jusqu'à mon départ pour la France, voyage et séjour qui m'ont contraint à le prêter à un ami. Au retour, faute d'espace, il m'a fallu le vendre, bien à regret. Dommage que je ne puisse désormais vous l'offrir !

J'ai tenu du moins à vous le décrire, car ce cadeau exceptionnel de mon enfance marquera toujours, dans ma mémoire, un moment privilégié. Le Rosenkrantz a été pour moi l'incomparable, l'inestimable compagnon de mes longues heures d'étude solitaire, le piano à queue dont j'ai été si fier, MON piano ! Et il restera toujours le plus beau, le meilleur et surtout l'unique piano aux trois médailles !

9

La trottinette rouge

À chaque nouveau moyen de locomotion que m'offraient mes parents ou mon grand-père, j'éprouvais naturellement une très grande joie, mais également une indicible fierté. Sans le savoir, je me comportais comme le conducteur qui prend livraison de sa nouvelle voiture, dernier modèle ! En cela, je ne différais pas des autres garçons de mon âge ; aucun ne manquait de vanter les mérites de son tricycle ou de sa petite voiture à quatre roues, persuadé de posséder le meilleur bolide.

Cadet de la famille, comme vous, Anne et Mimi, à l'égard de Geneviève, j'héritais habituellement du tricycle ou de la voiture de mon frère, devenu trop grand pour s'amuser encore avec ces jouets d'enfant. Aussi n'est-il pas étonnant que ma mémoire me rappelle avant tout le seul véhicule neuf que j'ai reçu en cadeau et possédé en tant que premier et unique propriétaire, le réservant jalousement à mon usage.

Les tricycles sur lesquels, comme tous les enfants, vous avez appris à pédaler, m'étaient légués par mon frère ou ma sœur le jour où leurs jambes trop longues heurtaient le guidon, pourtant relevé au maximum. En attendant, je n'avais droit qu'à me tenir debout sur le marchepied de métal fixé entre les roues arrière. Les rares fois que Jacqueline ou Jacques avaient la générosité de me prêter leur véhicule, c'était à la suite d'une intervention de ma mère, qui leur avait reproché leur égoïsme en leur servant une leçon de morale.

Au début de mes premiers essais de cycliste, il m'était interdit de quitter notre terrain, malgré la difficulté d'y pédaler, sauf devant le garage, sur les deux pistes de gravillons compactés par les roues de la voiture. À cet endroit, ma mère ne pouvait me surveiller ; aussi étais-je bien averti de ne pas m'aventurer ailleurs, sous peine de me voir confisquer le tricycle pour une semaine, peut-être plus !

Ce règlement très restrictif n'est pas demeuré longtemps en vigueur, heureusement. J'ai bientôt pu m'aventurer sur le trottoir municipal, véritable piste de course en ciment très lisse, sur laquelle je pouvais rouler sans effort. Forcément, tout comme à vous trois, une nouvelle consigne n'a pas manqué de m'être dictée : « Jamais, jamais, pour aucune raison tu ne dois quitter le trottoir ! m'a déclaré ma mère d'un ton péremptoire. Jamais ! Tu m'entends ? Jamais ! As-tu bien compris ? »

Pour toute réponse à sa question, j'ai opiné de la tête. « Non, non ! ce n'est pas assez ! a-t-elle repris. Ce n'est pas un signe de tête que je veux, c'est de t'entendre me dire que tu as compris ! » Pour emporter l'autorisation, je me suis empressé de satisfaire à sa demande : « Oui, j'ai compris ! » « Alors, répète après moi, a-t-elle insisté : jamais, jamais, maman, je ne descendrai du trottoir ! » Sagement, en prononçant bien chaque mot, je lui ai fait ce serment ; j'étais prêt à jurer n'importe quoi pour obtenir le droit de sortir de la cour et de rouler en tricycle sur le trottoir, aussi loin que la rue transversale suivante, qui me paraissait au bout du monde !

Un printemps, le jour de mon anniversaire, j'ai reçu un véhicule bizarre, mais tout neuf et bien à moi cette fois, uniquement à moi, tout à moi ! Après m'avoir fait souffler les chandelles de mon gâteau d'anniversaire, ma mère m'a dit : « Ferme les yeux, tiens-les bien fermés et surtout ne triche pas ! » J'ai fermé les paupières, devinant aisément qu'en les rouvrant j'apercevrais une boîte sur la table, contenant un merveilleux cadeau. Personne ne parlait ; tout était si silencieux qu'après un moment je me suis demandé si tout le monde n'avait pas quitté la salle à manger, me laissant seul à table.

Après ces longs instants d'aveugle immobilité, d'impatience fébrile, j'ai entendu mon père dire enfin : « Tu peux ouvrir les yeux maintenant. » Alors m'est apparue non pas une boîte posée sur la table, tout enveloppée de papier d'emballage qu'il faut déplier avec précaution ou déchirer nerveusement, mais bien, ô merveille, appuyée au dossier d'une chaise, une trottinette toute neuve, toute rouge, toute brillante, prête à rouler, dont le très haut guidon était muni de poignées de caoutchouc noir. Une longue plate-forme antidérapante reliait les roues pleines, cerclées d'un pneu.

Je suis demeuré si interloqué que je n'ai osé quitter ma chaise ; naïvement, à voix basse, la gorge un peu étranglée, j'ai demandé : « C'est à moi, juste à moi ? » « Mais oui, c'est pour toi ! s'est étonnée ma mère en riant. Tu peux y toucher, tu sais ; c'est bien à toi ! »

J'ai examiné longtemps le curieux engin, sous tous ses angles, et même obtenu la permission d'aller l'essayer tout de suite, malgré la brunante. Tout le monde m'a suivi à l'extérieur pour observer mes premiers essais, forcément gauches. Mais je n'ai pas tardé, au fil des jours, à maîtriser parfaitement ma trottinette, qui m'obéissait très fidèlement. Au village, elle était unique et provoquait l'envie de tous les garçons de mon âge.

Les deux mains serrées fermement sur le guidon, la jambe droite sur la planchette très basse reliant les roues, je poussais du pied gauche, par saccades successives, jusqu'à ce que mon bolide atteigne une vitesse maximale. Alors, tout essoufflé, je posais les deux pieds sur la planchette, l'un derrière l'autre, et me tenais bien droit, le torse sans doute bombé. Mû seulement par l'énergie de mon élan, je filais longtemps, en équilibre, en silence, ne percevant que le sifflement du vent au creux de mes oreilles.

Je n'ai pas tardé, non plus, à exécuter des pirouettes. En bloquant la roue arrière avec ma semelle, mon soulier posé entre la planchette de métal et le pneu, et en tournant simultanément le guidon, légèrement, à peine, j'ai découvert que l'arrière de la patinette amorçait aussitôt une glissade en arc de cercle. Si j'avais atteint une vitesse suffisante, je parvenais ainsi à changer complètement de direction, en une fraction de seconde, me retrouvant en sens opposé ou quasi.

Malheureusement, avant de parvenir à l'exécution parfaite de cette prouesse, j'ai dû endurer la souffrance de plusieurs genoux éraflés, blessures qu'avivait ma mère en nettoyant la plaie avec un liquide rougeâtre qui brûlait tant, momentanément, que je poussais des gémissements à effrayer la si patiente et si douce infirmière qu'elle était.

« Ne te plains pas tant ! me reprochait-elle ; tu l'as bien gagné ! Si tu allais moins vite avec ta trottinette, tu ne te blesserais pas et je n'aurais pas à te mettre de l'iode. » Elle prenait un ton dur, apparemment sans pitié. Mais, dès les premiers soins achevés, elle me prenait sur ses genoux, m'enlaçais et me posais un gros baiser sur le front. Puis, brusquement, elle me posait par terre en me disant : « Va jouer maintenant ; tu n'en mourras pas ! Mais sois plus prudent à l'avenir. »

Durant les années qu'a duré l'usage intensif de ma trottinette, au problème des blessures occasionnelles s'est ajouté celui, répétitif, de l'usure de mes semelles de soulier. Aucune ne durait longtemps, malgré les efforts du cordonnier chez qui ma mère a dû maintes fois porter mes chaussures pour les faire ressemeler. J'usais la semelle de mon soulier droit à m'en servir comme frein, la laissant glisser contre le pneu de la roue arrière en exerçant une pression progressive, et celle de mon soulier gauche à pousser sans répit mon bolide, la râpant inlassablement sur le ciment rugueux des trottoirs.

La pratique de la trottinette, même si ce sport m'a laissé de beaux souvenirs, a duré à peine quelques années. Dès que je me suis mis à grandir, j'ai malheureusement compris, sous le sarcasme des autres garçons, que je continuais à m'amuser avec ce qu'ils appelaient « un jouet d'enfant », sans doute par jalousie. Par orgueil, bien qu'à contrecœur, j'ai dû me résigner à mettre la patinette au rancart. Elle qui m'avait procuré tant de plaisir, elle a rejoint au grenier du hangar la petite voiture et le vieux tricycle rouillé qui, avant moi, avaient véhiculé mon frère et ma sœur. De toute façon, l'hiver approchait et la neige bloquerait bientôt tous moyens de transport sur roues...

Le printemps suivant, j'étais assez grand pour apprendre à rouler sur un vélo à deux roues. Mon frère et moi avons alors reçu un cadeau en commun : la plus belle bicyclette que nous n'ayons jamais vue ! Les poignées du guidon, au contraire de celles de ma trottinette, étaient de caoutchouc blanc, les pneus de couleur beige et surtout, surtout, elle possédait des freins avant et arrière actionnés aux poignées. De plus, sous la selle, était suspendue une sacoche rectangulaire dans laquelle nous pouvions ranger toutes les clés nécessaires à l'entretien.

Ce vélo a marqué la fin de mon enfance, d'une certaine façon. Dernier de mes véhicules, il projette une image à la fois triste et heureuse. En roulant sur ses deux grandes roues, je m'éloignais rapidement des jeux insouciants de l'enfant, comme Geneviève, et me dirigeais inconsciemment vers les premiers tourments de l'adolescent.

Aussi n'est-ce pas sans nostalgie que j'allais parfois me souvenir de ma trottinette rouge, dont les petites roues ne m'avaient jamais entraîné hors du paradis de l'enfance.

10

L'atelier de photographie

Personne n'échappe à l'attrait du mystère, pas plus les adultes que les enfants que vous êtes encore, Anne, Geneviève et Mimi. Même si vous tremblez de crainte et d'appréhension, même si vous êtes parcourues de frissons, ne continuez-vous pas à pénétrer dans ces mondes étranges où vous entraînent parfois une lecture, un film, une émission de télévision ? Univers de monstres ou de sorcières, ou de fantômes ou de bêtes féroces, tout aussi captivants qu'alarmants... Comme votre héroïne, vous risquez de trébucher à chaque instant, vous le savez, victimes d'un piège invisible, imprévisible, tendu tout près de vous ; et pourtant vous persistez à lire ou à regarder, vos paupières à demi fermées, comme si vous pouviez conjurer le mauvais sort !

Les lieux mystérieux exercent une telle attirance que bien peu résistent à s'y aventurer, je le sais ; la curiosité finit toujours par vaincre la peur, par la juguler, momentanément. D'ailleurs, n'est-ce pas ainsi que les explorateurs et les enfants parviennent à découvrir et s'approprier l'univers ? N'est-ce pas ainsi que l'humanité a décelé, derrière chaque secret, chaque mystère, une autre réalité, qu'elle a finalement apprivoisée ?

En même temps que se démythifient des mondes hier inconnus, se dissout notre ancestrale angoisse ; le mystère des lieux se dissipe, l'environnement adopte des formes familières. Malheureusement, sapés par la connaissance qu'apporte notre raison, s'abattent en même temps de grands pans d'univers merveilleux, quasi magiques !

Pourtant, dans le cas du lieu où je veux vous emmener, la vision magique ne s'est pas entièrement effacée. Oh ! le mystère s'est étiolé au fil des ans, mais jamais ne s'est envolé hors des murs qui le contenaient. Encore aujourd'hui, un étrange enchantement maintient en mon esprit le vain désir de retrouver intact le charme de cet endroit, qui ne renfermait que des choses extraordinaires, à mes yeux, des choses jamais vues auparavant, des objets mirobolants, des boîtes qui captaient et projetaient toutes sortes d'images. De plus, ce lieu secret était situé très loin de notre maison, ce qui en accroissait le mystère et l'envoûtement, au bout d'une si longue route que je n'y avais accès qu'une fois par année.

En vue de la traditionnelle expédition chez ses beaux-parents, une fois l'an, ma mère « préparait » ses trois enfants des jours et même des semaines à l'avance, achetant une nouvelle robe à Jacqueline, un nouveau costume à Jacques et, à moi, de nouvelles culottes courtes et un chandail de laine très douce, que je devais porter par-dessus une chemise à col ouvert.

Le matin du grand départ, ma sœur, mon frère et moi nous entassions sur le siège arrière de la voiture, des chaussures neuves aux pieds, toutes luisantes. Nous partions chez nos grands-parents paternels, qui habitaient une immense et haute maison de briques rouges, à Saint-Guillaume d'Upton, au bout du monde... Il nous faudrait rouler durant des heures avant d'y arriver, et même traverser un fleuve très large sur un très grand bateau !

La route que nous empruntions longeait ce fleuve et traversait plusieurs villages : Saint-Sulpice, Lavaltrie, Lanoraie et finalement Berthier. Avant d'entrer dans cette dernière ville, mon père engageait la voiture sur un court chemin, perpendiculaire à la route, qui donnait accès au quai d'embarquement. Habituellement, plusieurs voitures étaient déjà garées sur l'accotement, dans l'attente du traversier dont les passages successifs étaient peu fréquents, vu le long parcours qu'il devait effectuer avant d'atteindre le quai de Sorel, très en aval de celui où nous nous étions arrêtés.

Durant le trajet en voiture, aucun de nous n'avait cédé au sommeil, trop occupés que nous étions à regarder défiler le paysage. Chaque année, alors que nous approchions de Berthier, notre mère nous faisait remarquer la beauté des aménagements de la ferme expérimentale du gouvernement, devant laquelle nous passions. Elle nous rappelait aussi, chaque fois, que notre père y venait souvent pour son travail d'agronome. Les pelouses se déroulaient sans fin devant les bâtiments ; les haies qui les délinéaient, tout comme les nombreux arbustes et les massifs de fleurs qui parsemaient ces tapis de verdure, étaient taillées de façon si parfaite qu'elles semblaient presque artificielles.

Si le traversier tardait à paraître à la pointe des îles, ma mère nous permettait de sortir de la voiture et de nous rendre au quai, à condition, bien entendu, de nous tenir par la main ; de plus, *le p'tit dernier* que j'étais devait garder une main solidement accrochée à l'une des siennes. Je formais ainsi le premier anneau de la chaîne. Interdiction de se pencher au-dessus de l'eau !

Dès que surgissait à l'horizon le navire transbordeur, nous nous hâtions de retourner à la voiture, bien qu'une demi-heure allait encore s'écouler avant l'embarquement : le temps que le bateau arrive au quai, s'en approche, y accoste et s'y amarre, que la large passerelle de métal soit abaissée et que les autos à bord aient toutes quitté le pont, chacune passant près de nous, en direction opposée à la nôtre.

Venait enfin notre tour ! La voiture avançait lentement, s'engageait sur la passerelle de métal en provoquant un bruit de tonnerre, puis se dirigeait sur le pont dans la direction que nous indiquait un préposé. Nous espérions à chaque voyage obtenir une place tout à l'avant, où nous pourrions tout voir ! Mais nous n'avions pas toujours cette chance...

L'homme de bord rappelait à mon père de bien serrer le frein d'urgence et, quelques minutes plus tard, le grondement des moteurs faisait vibrer toute cette carcasse d'acier, surchargée de voitures, de camions et de passagers. Elle s'éloignait du quai en tremblotant, comme si elle appréhendait la traversée ! Peu à peu, les vibrations cessaient et le navire se mettait à filer, docile et rapide, soulevant de chaque côté de son étrave de longues et hautes vagues.

Une fois en « mer », notre père nous permettait de descendre, à condition de nous tenir tout près de lui. Parfois, nous passions près d'une porte ouverte où un escalier de métal, à pente très raide, descendait dans la cale et la salle des machines, d'où montaient le vacarme assourdissant des moteurs et l'odeur étouffante du mazout. À l'avant du bateau, ce n'était que silence, agrémenté du clapotis des vagues et percé des cris plaintifs des goélands, qui tournaient, planaient autour de nous et se battaient entre elles pour attraper un morceau de pain lancé par un passager.

Aujourd'hui, la traversée Berthier-Sorel s'effectue en un très court temps et perpendiculairement aux rives : une succession de ponts permet aux autos de passer d'une île à l'autre et de se rendre devant Sorel, à peu de distance. Autrefois, le traversier partait d'un quai situé en amont de Berthier, contournait les îles et descendait le fleuve sur une assez longue distance avant d'atteindre la ville aux chantiers maritimes.

Pour les enfants que nous étions, plus la traversée se prolongeait, plus nous étions heureux. La navigation s'achevait toujours trop tôt, dans le bruit des moteurs d'autos qui démarraient et la sortie, toujours très ordonnée, des voitures qui débarquaient, chacune faisant claquer la plaque de métal reliant le pont du navire à la pente du quai de béton.

Durant la dernière partie du voyage en auto, je cédais habituellement au sommeil, car je ne voyais plus que champs, vaches et maisons isolées. Parfois un cheval ou deux... Et les villages que nous traversions se ressemblaient tous, avec leur église, leur presbytère, leur cimetière, leurs deux ou trois magasins et leur vingtaine de maisons. Ma mère me réveillait avant notre arrivée à Saint-Guillaume, afin de replacer ma coiffure et mes vêtements et de m'allouer le temps de retrouver ma vivacité ; je ne devais pas me présenter devant mes grands-parents encore tout ensommeillé, le visage tout fripé !

Quand surgissait le village, la voiture ralentissait, roulait de plus en plus lentement : mon père regardait de chaque côté de la rue, reconnaissait sans doute chaque maison, chaque lieu de sa propre enfance. Nous, nous nous exclamions chaque fois à la vue des archaïques trottoirs de bois dont nous avions oublié l'existence depuis l'année précédente.

Que de sous ils nous ont gobés, ces trottoirs, avant que nous ne puissions les rattraper ! Si nous en laissions tomber un, il roulait et disparaissait à coup sûr, happé par l'une des innombrables fentes que formait l'espacement des planches ; et nos mains étaient déjà trop grosses pour s'y infiltrer. Nous en étions quittes pour revenir à la maison des grands-parents sans « lunes de miel » ; notre seul espoir était d'obtenir le remplacement de nos sous, à jamais perdus sous les lourds trottoirs de bois, impossibles à soulever.

Malgré la lente avance de la voiture dans l'unique rue du village, apparaissait bientôt la maison des grands-parents, haute de trois étages, flanquée à l'avant de deux longs balcons superposés, ainsi que d'un troisième, minuscule, au dernier étage. Je me souviens que ce balcon, entouré d'un garde-fou de fer forgé, était à peine plus large que la porte y donnant accès.

La voiture s'engageait dans une voie étroite, à gauche de la façade, entrée encaissée dominée par un plein mur de briques, et s'arrêtait à l'arrière, près d'un quatrième balcon, perpendiculaire à la maison et parallèle à l'appendice qui y était rattaché. Grand-mère et grand-père sortaient avant même que ne s'arrête le moteur, prévenus de notre arrivée par je ne sais quel stratagème. De la fenêtre de cuisine, grand-mère épiait sans doute notre arrivée depuis longtemps déjà !

Ils avaient à peine le temps de s'avancer à notre rencontre que nous étions près d'eux ! « Vous avez fait un bon voyage ? »

demandaient-ils à chaque arrivée. La réponse était toujours la même : « Oui, oui, sans problème ! » Ils nous invitaient à entrer, et nous nous faufilions aussitôt dans la maison, les trois enfants, suivis de ma mère et de mon père, qui portaient un grand sac de voyage et une valise dans lesquels étaient rangés nos pyjamas, ainsi que des vêtements de rechange pour chaque enfant, au cas où l'un de nous, par mégarde, tacherait ceux qu'il portait.

En pénétrant dans cette demeure, nous nous retrouvions dans une immense cuisine, dont la table occupait tout le centre. Grand-mère priait aussitôt ma mère de la suivre à la chambre qu'elle avait réservée à mes parents, afin qu'elle puisse « s'installer », comme elle disait, et se rafraîchir un peu, après le long voyage.

Je les suivais, curieux de revoir l'étage où nous couchions et surtout les profonds et larges placards des chambres, si grands qu'ils auraient pu servir de chambrettes. D'ailleurs, faute de lits en nombre suffisant, j'y avais une fois couché en compagnie de quelques cousins, sur des couvertures de laine épaisses, pliées en quatre et posées par terre en guise de matelas. Aujourd'hui, je crois plutôt qu'il s'était agi d'un jeu, auquel nos mères et notre grand-mère avaient cédé, amusées par notre désir de passer la nuit dans l'un de ces imposants placards, dont elles avaient tenu à laisser la porte ouverte, cependant.

Durant ce temps, attablés à la table de cuisine, les hommes discutaient déjà politique et récoltes, voitures et nouvelles du village, mais surtout chevaux, sujet de conversation par excellence, car mon grand-père paternel, m'a-t-on souvent laissé entendre, possédait une écurie de chevaux avec lesquels il parcourait toute la province, allant d'une piste de course à une autre. Pourtant, je n'ai jamais vu aucune de ses bêtes de race, dont les succès faisaient sa fierté ! Ou je n'en ai gardé aucune mémoire.

Par contre, je me souviens très bien d'un voyage à Drummondville, car nous avions roulé dans la voiture de mon grand-père si lentement, si lentement, que nous avions mis des heures, me semblait-il, à atteindre cette ville, pourtant toute proche. Mon frère Jacques m'avait soufflé à l'oreille que grand-père était si vieux qu'il ne se rendait pas compte qu'il avait oublié de changer la position du levier de vitesse. Nous avions parcouru toute la distance en deuxième vitesse, probablement à vingt milles à l'heure !

Ce qui m'attirait le plus à Saint-Guillaume, lors de notre visite annuelle, c'était l'unique endroit de la maison qui nous était interdit : le troisième étage, auquel il fallait accéder par un escalier très étroit et fort raide, dissimulé derrière une porte habituellement fermée à clef.

Néanmoins, grand-mère cédait chaque fois à notre désir : munie d'une grosse clef, elle faisait tourner la serrure, ouvrait la porte et restait au bas de l'escalier. « Vous pouvez monter et regarder, mais vous ne touchez à rien, à rien du tout, n'est-ce pas, les enfants ? Vous me promettez ? » Notre réponse, enthousiaste, ne pouvait qu'être affirmative. « Moi, je reste ici, prenait-elle la peine d'ajouter à chaque fois, car l'escalier est trop raide pour votre grand-mère, à son âge. »

Nous montions avec le même sentiment de mystère et le même espoir de découvrir des trésors cachés que si nous allions pénétrer dans la caverne d'Ali Baba. Avec raison d'ailleurs ! Parvenus là-haut, nous étions aussitôt hypnotisés par les appareils mystérieux qui nous regardaient, juchés sur des trépieds, et par tous les objets et tabourets qui y gisaient, sans ordre, un peu empoussiérés.

Le troisième étage ne comptait qu'une seule pièce, immense. Les murs et le plafond étaient lambrissés de planchettes de bois clair, non peintes, et la seule lumière qui pénétrait dans cet antre provenait de la façade, dans laquelle étaient percées deux minuscules fenêtres, flanquant une porte condamnée, fermée à clef, à double tour, depuis toujours.

Les dernières marches de l'escalier gravies, nous nous retrouvions en plein cœur du sanctuaire, dans l'ancien atelier de photographie de grand-père. De vieilles photos épinglées sur les murs représentaient des personnages qui nous étaient inconnus, souvent une femme et un homme, elle assise, lui debout, dans une posture très rigide. Quelques chevaux rappelaient aussi la passion du photographe pour ces bêtes, que l'image avait figées dans une attitude de hautaine fierté, la tête bien relevée et la queue en cascade. Je ne me souviens pas y avoir vu, ne serait-ce qu'une fois, des paysages ou des scènes de la vie quotidienne. Mon grand-père devait être un portraitiste...

Ce qui nous intriguait le plus, dans ce lieu secret, c'étaient les lourds cubes de bois desquels surgissait un gros tube de cuivre brillant ; ils étaient posés sur de larges et hauts trépieds, également en bois, plantés ici et là, sans ordre apparent. L'une de ces boîtes portait même un tout petit accordéon, qui excédait et glissait sur deux tiges rondes, parallèles, sans émettre aucun son cependant !

Mon frère Jacques me rappelait de ne toucher à rien, tout en m'expliquant que c'étaient là les anciens appareils de photographie de notre grand-père Louis, avec lesquels il avait réalisé les photos que nous voyions sur les murs. J'étais chaque fois étonné, car mes parents, eux, obtenaient les mêmes résultats avec une toute petite boîte noire, sans tube protubérant.

Quand nous avions terminé le tour de l'immense pièce et tout examiné minutieusement, nous nous mettions à marcher à pas feutrés et à parler à voix basse, comme pour ne pas être entendus de quelque fantôme, car nous avions l'audace, en tremblant un peu, de percer le dernier mystère. Mon frère ouvrait la porte du cabanon sans fenêtre qui occupait le centre de l'atelier ; avec appréhension, ma sœur et moi le suivions à l'intérieur, où il faisait si noir que nous ne pouvions même plus nous voir !

« Allume, allume ! » le suppliions-nous. Une lumière rouge éclairait subitement deux longues tables, fixées aux murs latéraux, sur lesquelles reposaient de nombreux plats rectangulaires, tous vides. Au-dessus, sur des tablettes, étaient rangées des bouteilles de verre aux formes étranges, dont les bouchons étaient également de verre. Au fond de l'antre se trouvait aussi un large évier à fond peu profond et très plat.

Tous ces accessoires, à peine éclairés par la petite ampoule rouge du plafond, prenaient un aspect irréel, féerique, mystérieux. Nous ne restions pas longtemps dans ce cabanon, de peur d'y demeurer enfermés, je pense... D'ailleurs, la voix de notre mère, au bas de l'escalier, nous invitait bientôt à redescendre. Nous quittions l'atelier de photographie avec la sensation d'avoir exploré un domaine secret, étrange, interdit. C'est ce sentiment de mystère qui persiste dans ma mémoire.

Curieusement, mes grands-parents paternels, dans leur maison de Saint-Guillaume, m'ont laissé peu de souvenirs, mis à part les placards-chambres où j'ai dormi, les « lunes de miel » du magasin général, les sous perdus sous le trottoir de bois et surtout le lieu-mystère rempli de rares merveilles qu'était l'ancien atelier de photographie de mon grand-père Louis.

Il faut dire que j'ai assez peu connu mes grands-parents paternels, ne les voyant qu'une ou deux fois par année, au contraire de

ma grand-mère et de mon grand-père maternels qui, eux, habitaient le même village que nous. C'est sans doute pour cette raison
qu'ils m'ont laissé le souvenir de personnes un peu froides et
distantes, un peu mystérieuses, comme l'atelier de photographie.

II

Aux premières loges
des inondations

Dans la profonde et large embrasure de la fenêtre de salle à manger de notre maison de pierres, bien assis sur l'allège, les jambes croisées, le dos appuyé, j'occupais une place privilégiée pour assister au spectacle de la rue. De mon poste d'observation, je pouvais même voir le pont surélevé, dont la double et haute structure de poutres métalliques franchissait la rivière en s'appuyant sur un seul pilier central.

De mon observatoire, j'embrassais d'un coup d'œil deux rues importantes du village : la route qui venait de Montréal et tournait à angle droit juste avant notre maison, qu'elle longeait en passant près du kiosque et du tennis, avant de se confondre avec la rue principale, ainsi que la voie qui montait vers l'église, construite au sommet de la partie élevée de la presqu'île. Devant la fenêtre, de l'autre côté de la rue, se dressaient les ruines de la manufacture Langlois, rasée par un incendie qui n'avait laissé debout que les plus solides éléments, principalement des cheminées et parties de murs érigés en pierres des champs étroitement cimentées.

Ces piliers aux formes irrégulières, très variées, se découpaient en partie sur la façade de l'église, devant laquelle une foule de gens se rassemblait après chaque messe, le dimanche. Ils retournaient chez eux en défilant sur le trottoir qui bordait les pelouses inclinées du couvent des sœurs de la Congrégation de Notre-Dame.

Très haut dans le ciel, les deux clochers lançaient leurs flèches, chacune surmontée d'une immense croix de métal dont la présence, sur leur fine pointe, m'intriguait beaucoup. Je n'arrivais pas à comprendre comment un homme avait pu escalader les clochers chargé d'aussi grosses croix, ni comment il avait réussi à les dresser à la pointe de ces cônes, si élevés. Décidément, elles avaient été piquées là par miracle !

Si je me souviens avec beaucoup d'acuité de la loge préférée de mon enfance, c'est avant tout à cause des inondations. Chaque printemps ou presque, la rivière sortait de son lit, souvent sans prévenir et à la faveur de la nuit. Ses eaux se mettaient à déborder, leur niveau croissait rapidement ; en quelques heures, elles envahissaient tout, faisant disparaître sous leur surface rues, trottoirs et terrains situés au bas de la presqu'île. Le jour où la rivière décidait enfin de se retirer, ce n'était pas sans laisser l'empreinte de son débordement, bien visible sur les solages des maisons et les murs des bâtiments. Une bande jaunâtre y restait imprégnée, indiquant clairement le niveau d'eau atteint.

Ces crues printanières me fournissaient une distraction inespérée, unique. Je pouvais passer des heures, recroquevillé dans ma loge, à m'étonner à chaque instant des péripéties du spectacle qui se déroulait sous mes yeux et qui me captivait à m'en faire oublier le temps, qui filait aussi vite que les eaux gonflées de la rivière.

D'immenses pans de glace dérivaient dans les rues, heurtaient les poteaux de lignes électriques, pivotaient sur eux-mêmes, changeaient de direction, allaient buter contre un mur de hangar ou de maison, y restaient bloqués jusqu'à ce qu'un autre bloc vienne les déloger. À certains endroits, poussés par un fort courant, des morceaux de glace épaisse se brisaient, s'amoncelaient, s'enchevêtraient et formaient des monticules d'arêtes et de pointes qui étincelaient au soleil.

Un jour, j'avais aperçu de gros rats, trottinant en tous sens, affolés, sur une grande plate-forme de glace qui filait au beau milieu de la rue, tout près de ma fenêtre. J'avais ameuté toute la maison, mais seul mon frère s'était précipité pour ne pas manquer ce rare spectacle ; ma sœur et ma mère, qui poussaient des cris d'effroi à la seule vue d'une souris, n'avaient pas jugé ma découverte suffisamment intéressante pour qu'elles abandonnent leurs occupations. Sans doute étaient-elles dégoûtées seulement à m'entendre décrire le ballet des rats sur leur scène mouvante.

Une autre fois, cependant, tout le monde était venu assister à l'attaque du garage d'un voisin par un peloton d'énormes morceaux de glace. À force de porter des coups répétés contre la fragile structure de bois, ces fonceurs d'élite avaient réussi à l'arracher de sa base, et le garage entier était parti à la dérive, flottant de travers sur l'eau. Entraîné jusqu'au milieu du lit habituel de la rivière, il s'était fracassé contre l'arête vive et inclinée du pilier central du pont !

Cette arête, formée d'une plaque épaisse de métal pliée en V, servait à préserver le béton en fendant les grandes surfaces de glace que l'impétueux courant, déchaîné à la fonte des neiges, y poussait avec une telle force qu'ils grimpaient à l'assaut du pont en glissant sur l'arête inclinée. Sous leur propre poids, soudain sans appui, ils se brisaient bientôt en deux parties, qui retombaient en soulevant une gerbe d'eau, disparaissaient sous la surface, puis émergeaient de l'autre côté du pont.

Lorsque j'ai grandi, j'ai obtenu la permission et le privilège, lors des débâcles normales du printemps, d'aller assister à la descente des glaces du haut du pont. Assis en plein centre du tablier, les jambes pendantes sous le garde-fou, juste au-dessus du pilier central, j'avais la sensation d'être à la proue d'un navire et de

foncer à travers les glaces, qui craquaient, se fendaient, s'entrou-
vraient dans un fracas assourdissant. L'eau et les glaces filaient si
vite de chaque côté de l'étrave que j'en avais parfois le vertige.

Après quelque temps à mon poste de pilotage, j'avais l'illusion que le pont et son pilier central avançaient à toute allure, et
non l'eau et les glaces qui défilaient sous moi. Je pilotais un immense brise-glaces et bravais la clameur des blocs qui craquaient
sous la poussée de l'étrave. Parfois, toute la structure du navire
vibrait tant, durant quelques secondes, que je craignais d'être emporté ; le bateau allait-il couler ? J'étais subitement saisi d'une
réelle appréhension, à la fois inquiétante et exaltante.

Naturellement, mes parents étaient loin de partager l'exalta-
tion qui s'emparait de moi lors des débâcles annuelles, sachant
trop bien qu'elles menaçaient toujours de se transformer en catastrophes. Si les glaces se mettaient à se bloquer dans une courbe,
à s'amonceler et s'entremêler, elles érigeaient rapidement un solide
barrage, cette fameuse embâcle que tous les gens redoutaient, car
même le recours au dynamitage ne parvenait pas toujours à libérer
un passage. L'eau de la rivière se mettait à déborder et envahissait
bientôt, à une vitesse étonnante, toute la partie basse du village.
Elle commençait par pénétrer dans les caves, puis se répandait
dans les rues, abîmait terrains et clôtures et détruisait sur son
passage des aménagements patiemment réalisés au cours d'années
de labeur.

Chaque indice annonciateur du printemps suscitait chez les villageois riverains, en même temps que l'effervescence euphorique des bourgeons qui allaient poindre et bientôt éclore aux branches des arbres, une attente inquiète. Ils demeuraient dans l'expectative, priaient le ciel que le soleil ait vite raison de la fermeté des glaces, que ses rayons les transpercent et les transforment rapidement en amas de chandelles, n'offrant plus de résistance. Leurs préoccupations convergeaient vers la rivière et le risque d'une nouvelle inondation, même si en apparence chacun se préparait aux travaux printaniers, comme si cette fois le dieu des eaux allait se montrer plus clément et la débâcle s'opérer normalement.

Durant mon enfance, les eaux ont atteint le rez-de-chaussée de notre maison seulement deux fois. Habituellement, elles se limitaient à occuper la cave, d'où mes parents prenaient soin de tout retirer dès qu'elles commençaient à refluer par le renvoi du sous-sol. Après le retrait des eaux, mon père devait remettre en état l'énorme fournaise, posée sur le sol de la cave ; elle s'élevait jusqu'au plancher du rez-de-chaussée, découpé en carré et remplacé par un lourd grillage de métal d'où montait l'air chaud qui chauffait la maison. Pendant l'inondation, mes parents y substituaient des chaufferettes électriques en forme de demi-sphères. Malgré ce chauffage d'appoint, au retrait des eaux, une humidité glaciale et une odeur de moisi flottaient longtemps dans l'air, même si tous les soupiraux demeuraient ouverts jour et nuit.

C'est lors de l'une des deux grandes inondations que j'ai connues que les dictionnaires Larousse dont je vous ai parlé, rangés sur la tablette la plus basse du secrétaire-bibliothèque, sont restés immergés durant plusieurs jours. Cette année-là, le spectacle a vraiment tourné à la catastrophe ! Nous avons dû nous réfugier chez Angela, notre bonne, que nous logions à l'étage avec son vieux père, grâce aux transformations que mes parents avaient opérées : fermeture du puits d'escalier conduisant à nos chambres, ouverture d'une porte dans le mur latéral est, et ajout d'un nouvel escalier, à l'extérieur.

C'est donc chez elle que, l'année de la grande inondation, nous nous sommes réfugiés durant quelque temps. Nous dormions, les trois enfants, sur des matelas transportés là-haut et simplement posés par terre. Nous sommes restés prisonniers durant plusieurs jours, car il n'y avait plus aucun moyen de quitter la maison, si ce n'est en chaloupe !

Les villageois dont les habitations n'étaient pas inondées venaient en aide à leurs concitoyens ; des maisons prisonnières de la crue des eaux aux magasins de la haute ville, plusieurs faisaient la navette avec des *Verchères* (grandes et lourdes chaloupes, réputées pour leur solidité et leur stabilité, fabriquées dans les ateliers du village de Verchères), afin que les sinistrés puissent se ravitailler. Seul mon père quittait notre refuge pour aller aux courses, car le parcours était dangereux, disait-on ; les embarcations devaient se frayer un chemin à travers les glaces et pouvaient être emportées à tout moment par la force des courants.

Dans le logement d'Angela, aménagé sous la pente accentuée du toit, les fenêtres étaient beaucoup plus petites ; étroites, elles se terminaient en accent circonflexe se projetant hors du toit. En fait, elles fermaient les lucarnes et me permettaient tout de même, à l'avant comme à l'arrière, d'observer le va-et-vient des « taxis d'eau ».

Je voyais même encore plus loin que dans ma loge du rez-de-chaussée ; mon regard pouvait atteindre jusqu'à l'autre rive de la rivière et jusqu'à la ligne d'arrêt des eaux, au milieu de la légère pente qui montait vers le bureau de poste et vers l'église. Je m'apportais une chaise près des carreaux et m'y tenais debout, car il n'y avait là-haut aucune allège sur laquelle m'asseoir. J'occupais donc une place au dernier balcon, et non plus aux premières loges, pour assister au spectacle.

Quand les eaux se sont retirées, toute notre famille a dû prolonger la cohabitation avec Angela qui, chaque matin, accompagnée de ma mère et de mon père, descendait au rez-de-chaussée pour effacer toute trace des dégâts. Il fallait nettoyer, frotter, réparer. La remise en état s'est prolongée plus d'une semaine, je crois, sans que je puisse descendre et constater les dommages, surtout dans ma chambre. Durant ce temps, quand je n'étais pas à la fenêtre, je me distrayais en dessinant ou en feuilletant les albums que m'avait apportés ma mère ; ou encore je jouais aux cartes avec le vieux père d'Angela.

Curieusement, mes petites-filles, ce sont des moments exceptionnels de divertissement que me rappellent les inondations, et non des catastrophes coûteuses et déplorables. La seule fois que je me suis attristé, je crois, c'est à la vue des grands dictionnaires encyclopédiques Larousse, que le retrait des eaux avait laissés dans un pitoyable état.

Mais ma rivière ne constituait pas qu'une menace ; pleine d'astuces, elle m'offrait d'autres divertissements, très agréables et sans danger, que vous découvrirez bientôt...

12

Le patin à voile
ou les trottoirs de glace

L a rivière, qui contournait le village, ne commettait pas que des méfaits, bien au contraire ! Les dégâts de ses débordements printaniers et surtout les soucis qu'ils causaient aux citoyens étaient largement compensés par son omniprésence et ses humeurs habituelles, sources de beautés variées et de loisirs nombreux. Il n'était que de voir un lever ou un coucher de soleil à sa surface, miroir multicolore, calme et changeant, pour lui pardonner ses emportements.

Dès que libérée de ses glaces par la débâcle, la rivière nous offrait l'abondance et la variété de poissons qui habitaient ses eaux, ressources généreuses que vous a permis d'entrevoir le chapitre intitulé *Le poisson dans la baignoire*. Et je vous étonnerai, mes petites-filles, en vous apprenant que, plus tard, c'était une forêt entière, coupée en billes d'un mètre, qu'elle charriait jusqu'à l'usine de transformation, que je n'ai jamais vue et dont j'ai toujours ignoré l'emplacement. Cette tâche accomplie, ses eaux se clarifiaient, peu à peu, pour accueillir à nouveau les baigneurs.

Comme les autres garçons du village, il m'est arrivé de me baigner à la rivière à l'insu de mes parents, insouciant des dangers que représentait la drave. Nous enfourchions les dernières billes qui dérivaient encore et les montions comme des écuyers ; en selle sur ces montures improvisées, nous tentions de nous y maintenir en équilibre. Après quelques secondes, malgré nos battements de jambes et de bras, nous culbutions et devions abandonner la bille ; emportée par le courant, déjà loin après notre plongée forcée, elle filait sans que nous puissions la rattraper et la monter de nouveau.

L'automne, ma rivière jouait au caméléon, tout comme votre lac Brûlé, reflétant toutes les couleurs qui resplendissaient aux arbres de ses rives et se mêlaient au bleu du ciel ou au blanc des nuages se mirant dans l'eau. Lorsque les arbres se dépouillaient de leur frondaison, elle portait leurs feuilles à sa surface, se tachetait de vives couleurs et créait des mosaïques éparses et mouvantes.

Mais la saison que je préférais restait l'hiver, car la rivière se recouvrait alors d'une carapace de glace immobile sur laquelle nous pouvions marcher, patiner, glisser. Tout petit, je ne pouvais naturellement m'y aventurer sans mon père ou ma mère. Dès mon entrée au collège, toutefois, j'ai eu la liberté d'y aller seul, à condition d'être prudent et de me tenir éloigné, surtout, de la sortie d'égout du village, située en aval du pont.

Autour de ce tuyau de déversement, l'eau se refusait à geler, même durant les périodes de très grand froid. Elle semblait s'évaporer : du large cercle liquide qui trouait la glace s'élevaient toujours de légères fumées, très diaphanes, qui se dissipaient rapidement, mais que remplaçaient aussitôt de nouveaux brouillards.

Les interdits les plus péremptoires concernaient surtout les débuts et les fins de saison, périodes durant lesquelles il était risqué de traverser la rivière, sa carapace d'hiver étant encore trop faible, au début, et trop affaiblie, à la fin. Tout comme au lac, les marges de danger variaient d'une année à l'autre, selon la clémence ou la rigueur du climat. L'épaisseur de la glace nouvellement formée, qu'évaluait mon père, déterminait le début de nos jeux sur la rivière, alors que sa teinte et sa consistance en indiquaient l'arrêt.

Chaque année, ma mère nous rappelait que des enfants désobéissants s'étaient déjà noyés ; la glace pouvait céder sous notre poids et la rivière nous emporter en nous gardant prisonniers sous son toit de verre. Et personne ne pourrait nous retrouver avant le printemps ! Tout au long de l'hiver, le courant nous transporterait loin, très loin... Devant de telles images de cauchemar, j'avoue que j'étais très obéissant, même craintif, tout comme ma sœur et mon frère ; si j'apercevais un peu d'eau répandue à la surface de la glace, j'avais tendance à contourner ces étangs d'hiver.

Très jeune, c'est en traîne sauvage ou en traîneau que j'ai glissé sur le dos de la rivière, étendu à plat ventre, si j'étais seul ; à plusieurs, nous formions une chaîne en enlaçant nos jambes autour de la taille de celui ou celle placé devant nous. Nous dévalions les plus hautes pentes des rives et glissions jusqu'au milieu de la rivière, si aucune neige fraîchement tombée ne s'était accumulée à sa surface.

Au lendemain d'une tempête, l'avant recourbé de la traîne sauvage fonçait dans l'épais matelas du bordage et l'éventrait en nous aspergeant de milliers de cristaux de neige, qui éclataient en rires de surprise joyeuse. Toutefois, je détestais tomber plein visage dans la neige, quand la traîne se renversait, car les cristaux fondaient aussitôt et perlaient en gouttes glacées.

Pour m'éviter ces désagréments, surtout par jours de grand froid, ma mère m'enroulait un large foulard de laine autour de la tête ; elle le nouait derrière, solidement, et me laissait à peine les yeux à découvert. Plus vieux, je me souviens avoir reçu une tuque de laine en cadeau ; son épais rebord se déroulait jusque sur les épaules et me recouvrait la tête et la figure complètement ; seuls deux trous oblongs, percés devant les yeux, me permettaient de voir devant moi.

Lorsque le niveau d'eau de la rivière baissait ou s'élevait, le revêtement de glace se fissurait au point de jonction avec la rive ; l'eau s'infiltrait, se répandait et délayait la neige jusqu'à la faire

fondre sur une imposante largeur. Lorsque se produisait ce phénomène, c'étaient la joie totale et le moment propice pour sortir
traîneaux et patins, car nous savions que, durant la nuit, la rivière
allait se border de larges trottoirs de glace, quatre à cinq fois plus
larges que ceux du village.

Chaussé de patins, mon frère tirait à pleine vitesse le petit
traîneau sur lequel je prenais place, bien assis, les jambes croisées,
les mains enfoncées dans les ouvertures latérales pratiquées dans
les lisses en guise de poignées. Je m'y tenais aussi solidement que
chat agrippé à tronc d'arbre, car mon frère ne manquait jamais, au
bout de nos courses folles, de faire virevolter le traîneau.

Il m'arrivait de revenir à la maison plus tôt que prévu, en
déversant toutes les larmes de mon inépuisable réservoir ; ma mère
devinait aussitôt qu'était survenu un petit accident... Oui, le traîneau avait versé, alors qu'il filait à une vitesse folle ; oui, je n'arrêtais plus de glisser sur la glace contre laquelle je m'étais dure-
ment heurté ; oui, c'était la faute de Jacques, de mon grand fou de
frère ; oui, il faudrait le gronder à son retour !

La chaleur du foyer et l'affection de ma mère, qui me serrait
contre elle, une main dans ma chevelure, avaient tôt raison du petit
garçon éploré : mes larmes s'asséchaient, mes hoquets de peine
inconsolable cessaient et un jeu moins violent me faisait bientôt
oublier ma mésaventure.

Ces patinoires des bordages de la rivière, qui s'allongeaient sans fin, rubans de glace vive déroulés sur des kilomètres et des kilomètres, c'est vraiment à l'époque du collège que j'en ai le plus profité, que j'en ai tiré les plus grandes joies. Certains après-midi de beau temps et de congé, alors qu'étaient réunies les conditions les plus favorables, tous les élèves chaussaient leurs patins et la classe partait en excursion sur les bordages.

Plusieurs fois, nous nous sommes ainsi rendus jusqu'au village voisin, Saint-Paul-l'Ermite, et même au delà, une fois ou deux, jusqu'à Charlemagne, le plus souvent en luttant contre le vent. Mais quelle ivresse au retour ! Nous revenions au collège sans donner un seul coup de patin, ou quasi, nos anoraks grands ouverts, tendus en guise de voile, solidement tenus au bout de nos bras. Poussés dans le dos, nous filions à toute allure et ne sentions même pas le vent, ni le froid sur nos poitrines mal protégées ! Quelle merveille que l'invention du *patin à voile* ! Nous étions de retour au collège en un rien de temps, après avoir franchi des kilomètres sans fournir le moindre effort.

Les jours de patin à voile se comptaient malheureusement sur les doigts d'une seule main ; jours rares, où trop de conditions favorables devaient se conjuguer, mais jours privilégiés qui enchantaient notre sommeil et nourrissaient longtemps nos conversations. Chacun supputait la vitesse atteinte et, dans ses rêves, parcourait le monde, porté sur deux fines lames...

Je me souviens particulièrement de certains jours bénis,

durant le congé de Noël, alors que mon frère et moi avions pu partir sur ces bordages, un vieux drap plié sous le bras. Nous parcourions le trottoir de glace en patinant contre le vent, péniblement, dix fois, vingt fois, la figure cinglée par l'air froid, les jambes molles de fatigue ; mais nous étions plus que récompensés de nos efforts.

Au bout de nos remontées, nous dépliions le drap, tout en le tenant solidement, et nous éloignions l'un de l'autre. La voile se gonflait aussitôt, et nous démarrions sans donner le moindre coup de patin. Par bon vent, l'accélération était fulgurante et la vitesse si rapide que nous devions bientôt freiner et réduire notre voilure. Nous n'avions alors qu'à plier le drap, une fois, deux fois, selon la vélocité du vent. Emportés sur nos patins à voile, nous naviguions sur la rivière, littéralement.

Seuls la fatigue des remontées contre le vent et le froid trop vif nous ramenaient à la maison, où nous n'avions cesse de raconter nos exploits, de calculer les vitesses atteintes, les distances parcourues et le temps écoulé. Nous exagérions tant que notre mère finissait par s'inquiéter de nos exploits et nous menaçait de ne plus nous prêter de drap s'il devait servir à accomplir de « si folles embardées » !

Depuis ces jours lointains, je n'ai jamais refait de patin à voile ; mon frère Jacques non plus, que vous n'avez pu connaître, car il est mort très jeune, trop jeune, beaucoup trop jeune... Je suis sûr que vous l'auriez aimé, Anne, Geneviève et Mimi, tout comme lui vous aurait certes chéries, autant que votre papy.

Mais ne soyons pas tristes ; découvrons plutôt ensemble une voûte de banque...

13

La voûte de banque

Corvées exceptionnelles, besognes spéciales, travaux annuels ont marqué des étapes et demeurent des bornes inaltérables le long du chemin de mon enfance. Ces indicateurs inscrivent des périodes d'intense activité, des jours de remue-ménage qui chambardaient le rythme quotidien de la vie familiale et qui m'apportaient un divertissement inusité, exaltant.

Ces entreprises familiales, la plupart collectives, ces « grands travaux », comme les qualifiaient mes parents, j'y ai naturellement participé, ravi d'apporter mon aide. Je n'ignore plus à quel point ma collaboration devait être négligeable, même inutile. Malgré tout, mon père et ma mère, tout comme mes oncles qui formaient l'équipe habituelle de travailleurs, avaient l'obligeance de requérir mon aide et de me laisser croire à l'utilité de ma présence sur le chantier et même à la valeur de ma coopération. Si ces grands ouvrages ont signifié pour eux un dur labeur, ils ont pour moi représenté de véritables fêtes auxquelles je prenais part avec enthousiasme.

La plus longue et gigantesque et fantastique corvée a été celle de la démolition de la voûte de briques qui occupait un angle de notre maison de pierres. Il est sans doute opportun de vous rappeler ici que cette demeure, où je suis né et où j'ai passé mon enfance, avait préalablement servi de banque. Vous vous souvenez? je vous en ai parlé au chapitre de *La maison de pierres des champs*.

Une voûte, dont l'épaisseur des murs était formée de deux ou trois rangs de briques étroitement cimentées, occupait une superficie appréciable du rez-de-chaussée, à l'angle nord-est ; la masse énorme de ce cube se prolongeait même jusqu'au sol de la cave, qui servait d'assise. Les anciens propriétaires, de qui mes parents avaient acquis cette maison, n'avaient pas jugé bon ou n'avaient jamais eu le courage de s'attaquer à la dure et pénible tâche de démolition de cette voûte.

Si mes parents l'ont entreprise, quelques années après ma naissance, je crois qu'ils l'ont fait pour trois raisons essentielles : primo, une fois l'étage alloué à notre bonne Angela et son vieux père, nous ne disposions plus que du rez-de-chaussée, donc d'une superficie relativement restreinte ; secundo, la venue au monde d'un troisième enfant — le benjamin que j'étais —, commandait depuis quelque temps déjà d'agrandir notre aire vitale ; et tertio, mes parents avaient la chance, à ce moment, de pouvoir compter sur mes oncles.

En fait, ces nombreux frères de ma mère, fille unique, je les considérais comme de très grands frères plutôt que des oncles. En pleine force de l'âge, ils étaient tous très grands et très musclés, quasi autant que leur père, mon grand-père Olier, que vous avez connu dans *Le kiosque aux rideaux de courges*. Étudiants à l'université, ils disposaient de quelques semaines de liberté avant d'occuper l'emploi d'été qu'ils avaient réussi à décrocher.

Un printemps, l'entreprise colossale fut donc arrêtée. Commencée au début de l'été, elle dura plusieurs semaines. Dès que deux de mes quatre oncles, Auguste et Roland, eurent terminé leur année universitaire, masses, pics, pelles et brouettes firent retentir des bruits infernaux, jour après jour. Ma mère avait isolé l'ancienne voûte, tant bien que mal, en suspendant au plafond de grands draps blancs, qui très vite se sont teintés d'une couleur rosée, tout comme les vêtements et la figure de mes oncles, tant était dense la poussière s'élevant des débris de briques roses.

Une fenêtre, à proximité de la voûte, avait été complètement retirée ; de longs et lourds madriers, appuyés contre l'allège, descendaient jusqu'à l'entrée du garage. Mes oncles y faisaient régulièrement glisser les morceaux de briques et de mortier qui s'accumulaient sur le plancher.

On m'avait muni de gants de cuir, naturellement trop grands, et confié la fonction de trier les briques. Je chargeais ma petite voiture à quatre roues de celles qui se retrouvaient intactes au bas de la glissade improvisée, et je la tirais vers l'avant de la maison. Là, le long du mur, je rangeais soigneusement la dizaine de briques transportées, les empilant à la hauteur de mes épaules.

Ma mère me répétait souvent : « Prends garde de te pincer les doigts sous une brique ! Et ne charge pas trop ta voiture : tu ne pourras plus la tirer ou elle va s'écrouler sous le poids ! » Elle ajoutait habituellement : « Et ne te fatigue pas trop ! » Elle s'inquiétait ; elle s'est toujours inquiétée de ma santé, me considérant de faible constitution. En fait, je crois bien qu'elle cachait sous ces appréhensions une tendresse particulière pour son p'tit dernier ! Mes oncles, eux, me taquinaient et mon père souriait en me voyant à l'œuvre, tout fier de participer à cette grande corvée, transportant sans relâche mes lourds fardeaux.

Beaucoup plus tard, alors que j'étais adolescent, ces mêmes briques ont servi à l'érection de ma première bibliothèque, formée d'un simple assemblage de planches, entre lesquelles, au centre et aux deux bouts, je n'avais eu qu'à empiler quatre ou cinq briques pour obtenir la hauteur désirée. Cette construction sommaire avait requis moins d'une heure, et j'avais aussitôt rangé tous les albums et tous les livres que je possédais, les uns en propre, les autres légués par mon frère ou ma sœur.

À l'achèvement de la démolition, des ouvriers sont venus

restaurer murs et plancher ; ils ont de plus agrandi l'ouverture de l'ancienne fenêtre pour en installer une nouvelle, immense ! Puis, j'ai appris avec quelque déception que la pièce ainsi aménagée était réservée à ma sœur ; quant à moi, je devrais continuer à partager une chambre avec mon frère.

Néanmoins, lorsque j'étais malade, ma mère consentait à me transporter dans cette chambre, très éclairée ; à travers la grande vitre, je pouvais voir au loin la cour de l'école et mes compagnons jouant dans la neige, aux heures de récréation. Blotti sous les couvertures, bien au chaud, bien bordé, aux petits soins, j'appréciais particulièrement ces jours de rhume ou de grippe ou de petits malaises. Ils me permettaient de m'absenter de l'école et de lire à loisir mes albums préférés, pendant que mes camarades gelaient dans la cour de récréation ou suaient dans les salles de classe.

14

La conserverie familiale

L'un des grands labeurs qui se répétait chaque année, vers la fin de l'été, je crois, ou au début de l'automne, était la longue journée de la mise en conserve des légumes. Le travail commençait très tôt, ce jour-là, et se terminait habituellement très tard. Ma mère préparait ses provisions de légumes : maïs, petits pois, haricots, etc. ; mais je n'ai mémoire que de tomates mises en boîtes de conserve, peut-être à cause de leur grosseur et de leur belle couleur rouge.

La veille de cette grande besogne, mon père bâtissait un four, près du garage ; des briques de l'ancienne voûte, empilées en forme de U, formaient trois côtés d'environ un demi-mètre de hauteur, sur lesquels était posé un lourd grillage de fer. Tout à côté, il rangeait le bois qui servirait à maintenir le feu. Puis, dans le garage, sur un long établi latéral, il installait une sertisseuse et rangeait des piles de couvercles et de boîtes de conserve.

Quand je me levais, ainsi que Jacqueline et Jacques, le feu flambait déjà dans le four et l'eau bouillait dans une immense cuvette posée sur le grillage. Nous déjeunions rapidement, ma mère devant retourner au travail pour immerger et faire bouillir les tomates avant leur mise en conserve. Lorsqu'elles étaient cuites, elle les pelait, aidée de ma sœur, tandis que mon père et mon frère commençaient l'opération de sertissage. La voiture avait été retirée du garage, dont les deux grandes portes restaient ouvertes toute la journée.

Tout comme au moment de la démolition de la voûte, je participais à cette corvée annuelle sans être d'une grande utilité. La manivelle de la sertisseuse était trop haute et d'ailleurs exigeait trop de force pour que je puisse la tourner. Ma fonction se limitait à fournir des boîtes à mon père et mon frère, et des tomates à ma mère et ma sœur, qu'elles auraient très bien pu prendre elles-mêmes, car elles s'entassaient dans de grands paniers posés tout près d'elles.

De temps à autre, mon père venait attiser le feu avec une longue tige de fer, puis y plaçait quelques morceaux de bois. Encore une fois, je me retrouvais plus spectateur qu'acteur, mais un spectateur très intéressé par cette opération magique de mise en conserve des tomates, que nous pourrions manger durant tout l'hiver.

Le feu et la sertisseuse m'attiraient plus que tout le reste ; juché sur un tabouret, appuyé contre l'établi, je regardais tourner les boîtes rondes de métal luisant sur lesquelles mon père, ou parfois mon frère, avait posé un couvercle. Lorsque la machine s'arrêtait de tourner, l'un d'eux retirait la boîte de l'appareil et, chaque fois, le couvercle était parfaitement fixé, scellant à l'intérieur les tomates rouges qu'y avait déposées ma mère.

Je plaçais chaque boîte de conserve dans ma voiture, celle-là même qui avait servi au transport des briques de la voûte. Lorsque tout le fond était recouvert, je partais avec mon chargement et allais le déverser près d'un soupirail. De là, en fin de journée, l'un des trois enfants passaït les conserves à mon père, dans la cave ; les bras tendus, il les recevait et les portait à ma mère, qui les rangeait soigneusement sur des tablettes sommairement aménagées.

Habituellement, le jour de la mise en conserve, le travail se poursuivait après le souper et ne se terminait qu'à la pleine nuit. Nous rejoignions nos lits, épuisés mais heureux que ma mère puisse à nouveau compter sur des réserves de légumes, si abondantes que tout l'hiver réussirait à peine à les épuiser. Je pense que c'est surtout l'air de ma mère qui, ce soir-là, nous rendait tous contents, malgré notre fatigue : un air de grande satisfaction, de bonheur calme, assuré, une joie intérieure qui transperçait ses traits, malgré la lassitude qui les étirait quelque peu.

Elle avait fait ses provisions d'hiver, et sa famille ne manquerait de rien, surtout pas de légumes, au cours des longs mois de froidure qui nous retiendraient prisonniers. Même disparu sous la neige, son potager, que du printemps à l'automne elle entretenait avec tant de soin, continuerait à nous prodiguer de beaux légumes, maintenant protégés dans des boîtes de métal luisant, minutieusement rangées dans l'obscurité de la cave, d'où ma mère n'aurait qu'à les retirer, à l'heure des repas.

Nous nous endormions tous avec un sentiment de devoir annuel accompli, en songeant aussi que la conserverie familiale ne rouvrirait que l'automne suivant. Le jour où nous avons quitté la maison de pierres des champs, elle a fermé ses portes, définitivement... Et les conserves des épiceries ont remplacé les nôtres, celles de ma mère, pourtant si succulentes !

Mais auparavant, mes petites-filles, j'ai eu la chance de voir se construire une chose extraordinaire, dans le même garage que celui qui servait de conserverie. Cette chose s'est fabriquée sous mes yeux, s'est assemblée sous mes yeux, est née devant mes yeux ébahis. Une naissance que vous ne verrez certes jamais s'accomplir !

15

Le canot de mon père

Au plus remarquable des « grands travaux », je n'ai aucunement participé. Si j'en fais mention, c'est qu'à l'égal des autres il s'est imprimé sur les pages blanches de mon enfance, de façon indélébile, sans doute à cause de ce profond besoin d'admirer son père qu'éprouve tout enfant. En fait, il s'agissait plus de la réalisation d'une œuvre d'art ou de la fabrication d'une pièce d'artisanat que d'un grand ouvrage.

Mon père, véritable coureur des bois, sous prétexte de randonnées de chasse ou d'excursions de pêche, avait décidé non seulement de se doter d'un canot léger, très court, facilement portable d'un lac à un autre, mais aussi de le fabriquer lui-même et d'en limiter les dimensions au point que son embarcation pourrait à peine porter deux personnes.

Durant toute la période de fabrication, la voiture est restée garée dans l'entrée du garage ; l'intérieur était entièrement occupé par deux chevalets, cent morceaux de bois — du cèdre, si mon souvenir est juste —, de grandes pièces de toile, des pots de peinture et des pinceaux, ainsi qu'une panoplie d'outils très variés. Du plafond pendaient plusieurs grosses ampoules électriques que je n'avais jamais vues auparavant ; elles diffusaient une lumière si intense que le moindre recoin était éclairé comme en plein jour.

Chaque matin, j'étais impatient de me rendre au garage pour constater l'avancement des travaux qu'exécutait mon père, le soir, après sa journée de travail, alors que j'étais déjà au lit. Heureusement, il y avait les samedis et les dimanches, jours où je pouvais l'observer, le questionner, sans toutefois toucher à aucun de ses outils. Dix fois par jour, durant la fin de semaine, je retournais au garage pour constater l'avancement des travaux, le plus souvent silencieux, admiratif, stupéfait devant la dextérité de mon père artisan, dont les mains donnaient forme, progressivement, aux matériaux épars.

Mon père avait commencé par immerger de fines lattes de bois dans une longue bassine d'eau chaude. Quand il les en retirait, un jour ou deux plus tard, il les posait latéralement sur un grand panneau de bois et les courbait minutieusement en les coinçant, suivant un parcours compliqué, entre de gros clous plantés par paires, de façon très rapprochée. Il les laissait ainsi durant plusieurs jours, prisonnières de leur serre étrange, jusqu'à ce qu'elles soient parfaitement séchées et arquées. Il m'avait expliqué que ces pièces serviraient d'arceaux et donneraient sa forme au canot. Je n'y comprenais rien, d'autant moins qu'aucune pièce de bois n'avait la même longueur !

Quand il retirait les lattes de leur carcan, il en reliait les pointes avec une forte corde et les empilait dans un coin du garage, bien à plat. Il avait également courbé, très légèrement, quelques très longues baguettes ; elles allaient servir, m'avait-il précisé, à façonner la partie supérieure des bordés, ainsi que la nervure centrale de la coque. Je ne comprenais toujours pas, incapable d'imaginer comment tous ces bouts de bois, qu'il se donnait tant de mal à recourber de façon si précise, allaient s'assembler et se transformer en canot !

Pourtant, un dimanche matin, dès mon arrivée au garage, tout est devenu très clair. Tout d'un coup ! Sur les chevalets reposait l'une des très longues lattes, aux deux bouts très arqués ; trois arceaux y étaient joints, le premier très étroit, les deux autres beaucoup plus larges. Je voyais enfin un début de forme, la promesse du canot que rêvait de posséder mon père. Ce matin-là, il a pris le temps de tout me montrer, de tout me décrire, de me faire entrevoir la suite des opérations, et j'ai compris que j'étais devant l'ébauche de la proue du canot, qui allait fendre l'eau sous la poussée de l'aviron !

La mise en place des autres arceaux s'est opérée rapidement, tout comme celle des bordures supérieures, doubles, qui enserraient étroitement leurs extrémités, inégales. La fragile structure terminée, mon père a scié les excroissances à ras bord et l'interminable étape de sablage a commencé. Je croyais qu'elle n'allait jamais se terminer, tant mon père recommençait cent fois, ponçait avec une application et une patience que je ne lui connaissais pas.

La teinte du bois devenait aussi belle, peu à peu, et sa surface aussi douce et odorante que le cou de ma mère, quand je posais ma tête sur son épaule et que mes bras l'enserraient. Je pouvais même glisser ma main le long des pièces assemblées sans crainte de me planter une écharde sous la peau. Je revenais à la maison les narines dilatées par l'enivrante odeur de sciure, dont j'avais d'ailleurs rempli un bocal subtilisé à ma mère, sans trop savoir pourquoi. De temps à autre, j'en dévissais le couvercle et humais cet arôme de canot imaginaire sur lequel je devais naviguer dans mes rêves.

Apparemment tout assemblée, terminée, la structure du canot est demeurée longtemps à claire-voie. Quand je l'apercevais dans le garage, j'avais l'impression d'être en présence du squelette d'un grand animal ou d'un gros poisson auquel des oiseaux rapaces n'auraient laissé que les arêtes, parfaitement dénudées. En fait, il ne s'agissait aucunement d'une halte dans l'exécution des travaux, mais du temps de pause requis pour la préparation d'autres éléments de l'embarcation.

Mon père s'appliquait à fabriquer des pièces de bois très

particulières. Il a d'abord taillé deux traverses et les a sculptées minutieusement : le centre et les bouts sont demeurés assez larges et plats, mais les angles ont tous été arrondis et polis jusqu'à ce qu'ils deviennent très lisses. Alors, il a fixé les traverses aux premier et dernier tiers du canot, juste sous la bordure supérieure.

Deux autres traverses, beaucoup plus courtes, sont venues prendre place dans la pointe arrière, parallèlement. Elles devaient servir à former un siège... Je n'ai compris que plus tard, quand mon père a percé une série de trous dans ces pièces de bois et qu'il s'est mis à y passer de longues et fines lanières de babiche, qu'il entrecroisait obliquement et tressait savamment. Entre les traverses, de petits losanges sont apparus, de plus en plus nombreux ; ils ont bientôt formé un grillage, un peu semblable à celui des raquettes d'hiver qu'il chaussait, après d'abondantes chutes de neige, pour aller à la chasse.

J'étais émerveillé, face à l'adresse de mon père, et plus qu'admiratif devant son siège, si minuscule qu'il semblait fait exprès pour moi. Non seulement ai-je eu le droit de toucher à ce chef-d'œuvre, une fois terminé, mais encore ai-je pu y prendre place un instant, car mon père m'a soudain soulevé et posé sur le siège. De cette position, le canot m'a paru immense et si long que je me suis demandé comment il pourrait le transporter sur ses épaules !

L'étape suivante, ce fut précisément celle de la fabrication d'un joug, sculpté dans une grosse pièce de cèdre. Il en a façonné les contours et les creux durant des jours et des jours, avec tant de minutie qu'à la fin ils s'ajustaient parfaitement à ses épaules et à son cou. Après plusieurs vérifications, il a fixé le joug en plein centre du canot, à la même hauteur que les traverses avant et arrière, mais d'une façon telle que le joug demeurait mobile et pouvait pivoter.

Ce jour-là a marqué une étape majeure : pour la première fois, mon père a soulevé tout le squelette, l'a renversé, puis il a posé sur ses épaules le joug central, en tenant l'embarcation de ses deux mains posées sur la traverse avant. Le canot flottait en l'air, sa proue relevée très haut, sa poupe tout près du sol. À l'intérieur de la carcasse, je voyais la tête de mon père, comme dans une cage à homard, et l'air de profond contentement qui épanouissait son visage. Pour marquer ce stade de réalisation, ma mère a préparé, ce soir-là, un repas exceptionnel et surtout, pour le compléter, nous a servi plusieurs des desserts que nous préférions.

L'achèvement du canot a cependant requis plusieurs autres semaines de travail ; d'abord, ce fut l'entoilage du squelette qui, de l'extérieur, a fait disparaître la structure, puis le vernissage du bois et enfin la peinture de la toile. Le nombre de couches de vernis et de peinture que mon père a posées, je ne les ai pas comptées, mais leur application successive n'avait plus de fin !

Malgré tout, un samedi après-midi, nous avons tous eu la surprise, ma mère et les trois enfants, d'apercevoir soudain un beau canot rouge, tout neuf, posé sur le vert de la pelouse ; il brillait au soleil, tout près de mon père qui, debout, admirait son embarcation enfin achevée, son rêve enfin concrétisé !

Ma mère a fait un seul commentaire, à voix basse, comme si elle se parlait à elle-même : « Pourvu qu'il ne se noie pas, avec son fameux canot ! Il ne sait même pas nager ! »

Mon père a navigué sur de nombreux lacs avec son canot, qu'il transportait sur ses épaules, de l'un à l'autre, lors de ses excursions de pêche, et il en a rapporté des centaines de belles truites saumonées à la maison. Mais il a surtout atteint un idéal, celui de s'évader de son bureau, de temps à autre, pour vivre la vie de coureur des bois, porté sur son merveilleux canot ou le portant lui-même, à son tour. Et jamais il ne s'est noyé !

Sans doute était-il enchanté, ce canot mythique, dont la lente naissance, jour après jour, m'avait tant émerveillé... Aujourd'hui, bien que disparu, comme tant d'autres choses, il représente encore, tout au fond de ma mémoire d'enfant, l'un des plus glorieux souvenirs que m'a légués mon père, peut-être le plus beau...

16

Le poisson dans la baignoire

Ma mère aimait tant la pêche, elle aussi, qu'elle en partageait les plaisirs avec ses trois enfants, alors que nous étions encore très jeunes, surtout moi, le benjamin. Lorsque survenait la saison propice, celle où les poissons sont censés mordre aux hameçons avant que les pêcheurs ne s'impatientent et ne rangent tous leurs agrès, elle nous lançait à la fin d'un repas du soir, de façon tout à fait imprévue : « Qui vient à la pêche, demain matin ? » Sans concertation préalable, le trio des petites voix s'exclamait à l'unisson : « Moi ! Moi, moi ! » Notre exubérance s'atténuait toutefois, quand notre mère ajoutait : « Alors, tous au lit, aussitôt le dessert terminé ! Et pour dormir ! Vous m'entendez ? »

À cette obligation, condition sine qua non de notre expédition très matinale, nous nous soumettions de bon gré, captifs de notre désir de l'accompagner aux premières lueurs de l'aube. La dernière bouchée à peine avalée, nous nous hâtions de retirer nos vêtements et de plonger dans nos lits. Les yeux fermés, nous cherchions avidement un sommeil que traversaient, en zigzaguant, d'énormes poissons, dont le regard vide de leurs gros yeux exorbités nous effrayait quelque peu ; leurs ouïes s'ouvraient et se refermaient régulièrement, parfois même leur bouche ; mais, dans mes rêves, je ne parvenais jamais à entendre ce qu'ils marmonnaient...

À cinq heures du matin, à tour de rôle, notre mère nous tirait de notre sommeil, très doucement, un doigt sur la bouche pour nous signifier de ne faire aucun bruit : il ne fallait surtout pas réveiller notre père, ni notre grand-père ! Dehors, il faisait encore si noir que nous étions persuadés de nous être levés en pleine nuit, comme à Noël. Tout en nous frottant les yeux, fourmillant de picotements, nous enfilions des vêtements chauds le plus rapidement possible, malgré nos membres tout engourdis et nos paupières encore si lourdes que nous avions peine à les maintenir ouvertes.

Nous nous retrouvions près de la cuisinière, où chacun avalait la tasse de lait au chocolat bien chaud et grignotait la tartine de beurre et confiture qu'avait préparées notre mère, levée bien avant nous. Vingt minutes s'étaient à peine écoulées que nous étions prêts pour le grand départ ; il ne nous restait qu'à retourner à nos chambres pour y enfiler, à la dernière minute, le chaud chandail de laine placé au pied de notre lit.

C'est le moment que choisissait grand-père pour se lever et nous souhaiter bonne pêche : « Attrapez pas de trop gros poissons, vous ne pourrez pas les rapporter ! Et tombez surtout pas à l'eau : elle est froide en sapristi, par ces temps-ci ! » Et il disparaissait dans la salle de bain en riant.

Mon frère Jacques, l'aîné, se voyait confier la responsabilité de porter le coffre à pêche, ma sœur Jacqueline le sac de provisions, au cas où le grand air creuse trop nos boulimiques estomacs. Quant à moi, je tenais la main de ma mère, qui ralentissait le pas ; je la suivais, confiant, émerveillé, marchant vers le jour dont les premières lueurs pointaient à peine à l'horizon. Contrairement à notre père, nous n'apportions jamais de canne à pêche.

Nous longions l'arrière de la maison, empruntions l'entrée de garage et nous engagions dans la rue ; à cette heure matinale, par dérogation exceptionnelle à la règle, nous n'étions pas tenus de marcher sur le trottoir. Toutes les maisons dormaient encore ; seuls quelques chiens, déjà aux aguets, venaient derrière leur clôture observer le défilé solennel ; nous étions bien avertis de ne pas leur parler, pour ne pas les inciter à aboyer, ce qui aurait éveillé leurs maîtres et ameuté une partie du village.

Passé les dernières demeures, les trottoirs et la rue s'arrêtaient brusquement devant une clôture de fils barbelés qui entourait un grand champ où paissaient paisiblement quelques vaches et où, notre mère nous l'avait affirmé, ne se dissimulait aucun taureau : il n'y avait donc aucune crainte à y pénétrer. De ses mains, notre mère tenait écartés les deux rangs inférieurs du fil barbelé, entre lesquels nous nous faufilions en prenant garde d'y accrocher nos vêtements. Passés de l'autre côté, mon frère et ma sœur tenaient les rangs supérieurs éloignés, pendant que ma mère se glissait dans l'ouverture en ramassant le bas de sa robe.

De là, nous suivions un sentier obliquant vers la rivière, que nous ne pouvions apercevoir, sa berge étant couverte de saules, de vignes sauvages et de mauvaises herbes, très hautes, qu'il nous fallait franchir prudemment avant de déboucher sur la rive et le jour, car près de l'eau nous baignions dans une luminosité soudai-

nement accrue : le miroir de la rivière multipliait les lueurs de l'aube. Nous étions rendus au lieu de prédilection, au lieu de rendez-vous des poissons, qui s'y réunissaient dans l'espoir d'attraper ces vers gluants, longs et gras, élastiques, que nous allions enfiler à nos hameçons.

Au début de chaque saison de pêche, ma mère extrayait du coffre un vieux canif rouillé, choisissait dans les saules quelques bonnes branches, à la fois solides et souples, les coupait en bâtons et en taillait en pointe l'un des bouts. À l'autre extrémité, elle attachait solidement une ligne à pêche, très longue, à laquelle elle nouait un hameçon, précédé d'un poids de plomb de forme oblongue, assez léger. Finalement, à un ou deux mètres de l'hameçon,

elle fixait un flotteur de couleur rouge, afin que nous puissions aisément détecter l'instant magique où un poisson viendrait mordre à l'appât. Ce rustique attirail enfin prêt, les bâtons étaient fichés profondément dans la glaise de la berge, à bonne distance l'un de l'autre.

Mon frère était toujours le premier à enfiler à son hameçon un gros ver visqueux, pendant que ma mère faisait de même pour ma sœur, qui avait un tel dédain des vers qu'elle refusait d'y toucher et même ne les regardait qu'à distance. Puis, elle me prenait par la main et m'éloignait, tandis que mon frère et ma sœur faisaient tournoyer le bout de leur ligne et la lançaient très loin dans la rivière.

Finalement, ma mère appâtait mon hameçon et le sien, lançait nos deux lignes, et l'attente commençait, nos yeux rivés sur les quatre flotteurs qui se dandinaient au gré des vaguelettes. Parfois, tout près des bâtons plantés verticalement, elle accrochait à nos lignes de minuscules clochettes en forme de boules : elles devaient tinter et nous avertir si jamais un poisson mordait et secouait la ligne en faisant ployer la branche de saule.

Notre patience, exemplaire au début, s'épuisait vite, et nous préférions bientôt explorer la nature autour de nous. Nous y trouvions de gros cocons verts que nous transformions en moutons en y plantant quatre brindilles séchées en guise de pattes ; un raisin sauvage tenait lieu de tête.

Dans une vieille boîte de conserve sans étiquette, posée par terre, des dizaines de vers grouillaient, s'entrelaçaient, s'étiraient, se rétrécissaient sans répit. Parfois, la boîte entre les mains, je regardais bouger, fasciné, ces spaghettis vivants, toujours en mouvement. Courageusement, il m'arrivait d'en étirer un hors de son gîte, du bout des doigts ; je le posais sur le sol et observais ses contorsions, au grand dégoût de ma sœur. J'étais bien prévenu de ne pas m'approcher d'elle un ver à la main ; la seule fois que je lui en avais mis un directement sous le nez, elle s'était enfuie en courant et en criant si fort que mon audace m'avait valu une sévère punition !

Malheureusement, je ne pouvais participer à la récolte des vers, tâche réservée à mon frère et à ma mère, car elle s'accomplissait dans le mystère et sous la pluie, à la nuit tombée, alors que j'étais déjà au lit. Quelques fois, j'ai tout de même obtenu l'exceptionnelle permission de me joindre aux ramasseurs. Vêtus d'imperméables, dans l'obscurité, nous avancions lentement sur la pelouse, courbés, cherchant dans le cercle lumineux de la lampe de poche qu'orientait mon frère les vers sortis de terre ; démesurément allongés entre les brins d'herbe, ils venaient se laver sous la pluie, croyais-je.

Lorsque j'apercevais un ver, il fallait me hâter de l'attraper fermement, car il se rapetissait aussitôt et rentrait dans son trou ; si je le tenais solidement, je pouvais réussir à l'allonger, à l'étirer quasi jusqu'au point de rupture et à retirer du trou la partie qu'il avait eu le temps d'y enfoncer. Les soirs de pluie, les vers fourmillaient tant que les cueilleurs ne tardaient pas à remplir leur boîte de conserve, dans laquelle ma mère avait préalablement émietté un peu de terre du potager. La précieuse récolte était rangée tout au fond du balcon, dans le coin le plus retiré, prête pour le lendemain. Mais avant de nous coucher, il fallait nous laver et nous brosser les mains au moins trois fois !

À la pêche, le faible tintement d'une sonnette nous ramenait vite au bord de l'eau. Groupés autour du bâton qui vibrait, nous espérions, anxieux, que le poisson morde fermement à l'hameçon. « Il ne fait que sucer le ver », disait chaque fois notre mère ; « attendez qu'il morde vraiment ! Quand le bâton va ployer, tirez ! Pas avant ! » Il arrivait souvent que la ligne retrouve sa tension normale ; il fallait alors vérifier si le poisson n'avait pas emporté l'appât, ce qui était fréquent et provoquait une grande déception chez les trois enfants. « Soyez patients, d'autres vont venir mordre, soyez sans crainte ! » nous encourageait notre chef d'expédition, plus optimiste que nous.

Quand un flotteur sautillait à la surface de l'eau, notre mère nous incitait encore à la patience : « Quand le poisson aura bien mordu, le bouchon va caler ; ne tirez pas avant ! Mais alors, donnez un bon coup sec et tirez vite la ligne ! » Il était rare que nous rentrions bredouilles à la maison ; nous ramenions habituellement deux ou trois poissons : brochet, achigan ou doré. S'il advenait que nous attrapions une carpe ou une anguille, nous la remettions à l'eau ; personne n'aurait mangé de cette bouche en ventouse ou de ce serpent, qui nous dégoûtaient. À ma mère incombait la tâche de décrocher de l'hameçon les poissons ramenés du large.

Si l'un de nous avait la chance de ferrer un achigan ou un esturgeon, c'était sur la rive une explosion de joie ! Ces jours-là, nous revenions à la maison en portant ostensiblement nos prises. Ma mère passait une ficelle, fixée à un bâtonnet, à travers les ouïes des poissons et la ressortait par la gueule ; nos trophées ainsi enfilés, nous paradions avec fierté sous le regard de certains voisins, maintenant levés, et travaillant à désherber leur jardin potager. Naturellement, chacun rapportait lui-même ses prises, sauf que ma mère me confiait toujours les siennes !

Plus fabuleux encore, ces rares matins où notre mère nous permettait de rapporter vivant un achigan placé dans un seau au tiers rempli d'eau ! Nous rangions à la hâte tout l'attirail de pêche et retournions à la maison avec l'espoir que notre poisson survive jusqu'à l'arrivée. Mon frère et ma sœur, ensemble, alternaient avec ma mère pour le transporter. À peine rentrés, nos vêtements chauds retirés, nous nous précipitions dans la salle de bain pour ouvrir à plein débit le robinet d'eau froide de la baignoire. Impatients, nous attendions que l'eau la remplisse à demi, priant intérieurement que ce niveau soit atteint avant qu'il ne soit trop tard.

Plongé dans son grand *aquarium*, l'achigan reprenait vie, lentement, sous notre regard ébahi. Agenouillés au bord de la baignoire, nous observions attentivement ses faibles évolutions. S'il se tournait sur le dos, je savais qu'il fallait en avertir ma mère, malgré la tristesse éprouvée ; elle venait alors le retirer pour l'apprêter à la cuisine.

Par contre, s'il retrouvait ses forces au lieu de flotter ventre à l'air, c'était la fête ! S'ébrouant dans un espace restreint, de sa queue l'achigan faisait gicler l'eau hors de la baignoire, nous arrosant abondamment. Nous reculions à peine, désireux de ne rien manquer du spectacle. À chaque soubresaut, chaque pirouette de notre poisson acrobate, fusaient les rires, jusqu'à ce que la répétition des mêmes mouvements finisse par nous lasser et que d'autres jeux retrouvent leur attrait.

À intervalles réguliers j'allais rendre une brève visite à mon ami l'achigan, le temps de vérifier s'il était toujours bel et bien vivant. De toute façon, je savais que ses heures étaient comptées, car notre protégé n'avait droit qu'à une seule journée de survie, après laquelle ma mère devrait frotter très fort le pourtour de la baignoire pour faire disparaître le cerne gris et visqueux qui s'y formait.

Comme tous les autres, notre poisson était condamné à terminer ses jours dans nos assiettes. Je me suis toujours refusé, obstinément, à en manger. Ma mère devinait sans doute les raisons secrètes et sentimentales de ma répulsion, car elle me glissait alors, sans mot dire, une ou deux tranches de jambon.

Malgré mon aversion à manger du poisson, au temps de ma jeunesse, je n'ai jamais manqué une expédition de pêche matinale. C'est ainsi, mes chères petites filles, que j'ai connu les plaisirs de la pêche et appris à discerner plusieurs variétés de poissons. Mais aussi, et cela me paraît plus important encore, j'ai découvert dès ma plus tendre enfance l'indicible, discrète et silencieuse beauté des aurores ! C'est peut-être pour cette raison que, depuis ce temps lointain, je me suis toujours levé très tôt.

17

Le bulldozer à ressort

Il est temps, n'est-ce pas, Mimi, Geneviève et Anne, que j'évoque pour vous quelques-uns des jouets de mon enfance, ceux avec lesquels je me suis le plus amusé.

Même le plus imaginatif des enfants, vous le savez fort bien, ne parvient jamais à inventer assez de jeux nouveaux pour se tenir pleinement occupé ; survient toujours un instant de désœuvrement où la mère ou le père est appelé à intervenir et à proposer une activité inédite ou tout bonnement oubliée. Malheureusement, trop de parents épuisent rapidement leurs ressources créatives et s'avouent bientôt vaincus, incapables d'improviser et de susciter de nouveaux centres d'intérêt.

Heureusement, les enfants adoptent habituellement quelques jeux préférés auxquels ils s'adonnent sans se lasser, y recourant instinctivement aux premiers instants d'ennui. Néanmoins, combien d'entre eux ont désespéré père et mère à répéter la complainte classique : « J'sais pas quoi faire ! » Personnellement, je n'ai pas été, je crois, pas plus que vous d'ailleurs, de cette myriade d'enfants désœuvrés, ni dans mes toutes premières années, ni au cours de mon adolescence. Je dois confesser que ma mère supportait fort mal de voir ses enfants inoccupés et d'entendre leurs complaintes ; elle trouvait toujours, comme Nathalie, quelque suggestion pour mettre fin à nos moments d'indolence.

Il faut dire aussi que, tout petit, j'ai eu la chance de grandir non loin de ma grand-mère et, plus tard, de mon grand-père et de plusieurs oncles. Peu de jours s'écoulaient sans que je n'aille chez grand-mère, qui habitait à deux rues de la nôtre. Je m'y rendais au milieu de l'après-midi, et nous jouions aux cartes jusqu'à l'heure du souper.

Parfois, après avoir téléphoné chez nous et conversé avec sa fille Marguerite, elle me gardait à souper. Je revenais à la maison accompagné de mon grand-père, très fier de ma longue absence et dissimulant mal les bonbons qui, sur ma cuisse, gonflaient une poche de mon short. Quelque temps après la mort de grand-mère, c'est avec grand-père, venu habiter avec nous, que j'ai pu poursuivre mes interminables parties de cartes.

De mes oncles, je retiens surtout qu'ils prenaient un malin plaisir à me taquiner ; j'en venais parfois aux larmes, ce qui leur valait une sainte colère de la part de leur sœur, ma mère. Par contre, ils ont eu la patience de m'apprendre à jouer au tennis, et à fort bien jouer ! D'ailleurs, depuis ces jours anciens, le tennis est toujours demeuré mon sport préféré, bien que j'aie dû en abandonner la pratique dès mes toutes premières années de travail professionnel.

De plus, et surtout, il y a eu mon grand frère, à qui plus qu'à toute autre personne je dois un souvenir de reconnaissance, même si ce ne peut être qu'à titre posthume. Oui, il y avait mon frère ! Mon frère Jacques ! De quatre ans mon aîné, il a accompagné mes premiers pas, m'a appris à observer le monde qui nous entoure et m'a initié à maintes activités nouvelles. Un frère à l'esprit scientifique, curieux de découvrir les secrets et les beautés de l'univers, incliné à inventer et tenter des expériences de toutes natures ; il ne craignait pas de démonter le mécanisme de nos jouets pour en comprendre le fonctionnement ou d'imaginer et construire de nouvelles machines.

L'importance de la présence de ce frère, tout au cours de mon enfance, il me serait difficile de l'évaluer à sa juste valeur. La meilleure manière de la considérer, je crois, serait de la comparer à la relation qui s'établit entre un maître, admiré et respecté, et son jeune disciple, docile et avide de tout apprendre. J'ai grandi à côté de lui, cherchant souvent à l'imiter ; et aussi, forcément, derrière lui, toujours un peu en retard, m'efforçant de poser mes pieds dans la trace de ses pas. Il a dû faire preuve, sans aucun doute, de beaucoup de patience à l'égard du bambin que j'étais ! Tout comme Geneviève à votre égard, Anne et Mimi...

À l'adolescence, nos routes se sont partagées sans pour autant s'éloigner l'une de l'autre ; chacun de nous s'est avancé sur une voie de plus en plus personnelle, mais toujours parallèle. Et nous n'avons jamais cessé de communiquer, d'échanger non seulement nos intérêts communs, tels le tennis et la musique — il apprenait le violon et moi le piano —, mais aussi nos connaissances particulières. Alors qu'il m'éveillait aux merveilles de la science, je le familiarisais avec le monde de la littérature.

En bas âge, cependant, jeux et passe-temps favoris de l'un et l'autre se sont à ce point confondus que je ne sais plus très bien distinguer qui de nous deux possédait les jouets ou les collections que je veux évoquer.

Était-ce à Jacques ou à moi, le gros bulldozer jaune dont nous avons tant de fois remonté le puissant ressort, si ferme et si résistant que je devais insérer les larges oreilles de la grosse clef entre les dents d'une fourchette ? Muni d'un tel levier, je parvenais à donner au ressort sa tension maximale et à obtenir du moteur sa pleine puissance. Mon plaisir ne consistait pas tant, avec le bulldozer, à le faire pousser ou tirer des objets, lourds ou légers, mais plutôt à le faire franchir des obstacles de plus en plus périlleux ou à monter des pentes de plus en plus raides.

Avec le panneau de rallonge de la table de salle à manger, j'improvisais des pentes à degré variable, selon les objets que je plaçais sous l'une de ses extrémités. J'accentuais l'inclinaison jusqu'à ce que glissent les chenilles de caoutchouc ; puis, pour les empêcher de déraper et pouvoir accroître la pente, je tendais sur le panneau une pièce de vieux tissu que me prêtait ma mère. Je ne tardais pas à atteindre l'inclinaison maximale : le ressort conservait assez de force pour entraîner le bulldozer, mais à un certain angle l'avant avait tendance à se soulever. Passé ce point critique, le nez se dressait et l'engin basculait vers l'arrière, s'abattant sur le plancher dans un fracas de métal.

Mon frère m'avait scientifiquement expliqué la cause de ce phénomène, que j'avais du mal à saisir : mouvement de bascule, provoqué par les roues arrière, celles qui entraînaient les chenilles... Pour contredire cet effet de rotation, il m'avait appris à fixer un poids tout à l'avant du bulldozer, ce qui permettait de gagner quelques degrés de pente additionnels ; mais alors il me fallait remonter le ressort à bloc, sans quoi le bulldozer restait sur place, impuissant à grimper.

Quant aux multiples obstacles que ses chenilles dentelées lui permettaient de franchir, je les dressais avec tout ce qui me tombait sous la main : poupées de ma sœur, qui allait se plaindre auprès de ma mère, si elle me surprenait, petites autos, cailloux, rebuts de bois, morceaux de carton ondulé, livres de la bibliothèque. Tout s'avérait utile à l'érection d'une barricade que ne saurait gravir mon bulldozer.

L'été, dans le carré de sable qu'avait aménagé mon père, dans l'angle que formaient la maison et la cuisine d'été, c'était bien différent et plus formidable encore ! Je traçais et construisais des routes, les nivelais, les inclinais à gauche ou à droite pour guider le bulldozer et le forcer à virer ; j'aménageais de très longues côtes et pouvais même percer un tunnel dans une montagne de sable bien mouillé et bien tassé. Il arrivait qu'après y avoir pénétré le bulldozer n'en ressorte pas aussitôt... Je présumais alors que l'une des chenilles avait frôlé une paroi et fait obliquer ma puissante machine, qui ne s'arrêterait de pousser et de gruger le sable tant que ne se produirait l'inévitable catastrophe.

Naturellement, elle survenait plus souvent qu'autrement : le tunnel s'écroulait et la montagne de sable enterrait le bulldozer. Il ne me restait qu'à creuser jusqu'à ce que mes mains déterrent un coin de métal jaune, puis tout l'engin ; il me fallait ensuite l'essuyer et le nettoyer soigneusement pour éviter que son mécanisme ne s'enraie et surtout qu'il ne répande un seul grain de sable dans la maison, ce que ma mère aurait fort mal supporté. En me fournissant un vieux chiffon, elle prenait soin de m'en avertir, jusqu'à me menacer de refuser l'autorisation, dorénavant, de jouer dans le sable avec le bulldozer ! J'en retirais même les chenilles, afin de les nettoyer parfaitement et de n'oublier aucun grain de sable dans le V de la jante des roues.

Ce bulldozer, construit de façon très robuste, a duré toute mon enfance, sans que jamais son mécanisme ne s'arrête de fonctionner. Quel dommage, mes petites-filles, que dans le ventre des jouets d'aujourd'hui on ait remplacé les entraînements à ressort, si simples, par de petits moteurs électriques, fragiles et dévoreurs de piles !

18

Le train ensablé

U n autre jouet qui captive tout petit garçon et que mon grand-père ou mes parents avaient offert à mon frère, ce fut naturellement un train électrique. Comment raconter les longues heures que je passais par terre, allongé sur le ventre, une main sur le transformateur et le levier qui permettait de modifier la vitesse du train ? Je regardais les wagons tourner, fasciné, hypnotisé, passager emporté sur les rails jusqu'aux confins de mondes imaginaires...

Si je ne réduisais pas la vitesse dans les courbes, la locomotive se renversait, entraînant le déraillement de tous les wagons. Ces petites catastrophes ajoutaient à mon plaisir un divertissement que ma mère était loin d'apprécier, car elle craignait que je ne brise ce jouet si dispendieux. Aussi prenais-je soin de ne provoquer ces accidents qu'en son absence, lorsqu'elle était occupée à nettoyer les chambres ou le salon.

La voie ferrée, qui pouvait être assemblée en forme de 8 ou de 0, occupait une partie non négligeable du couloir et de la salle à manger. De temps à autre, lasse de contourner cet obstacle, ma mère m'invitait à ranger les rails et le train, jusqu'au lendemain du moins.

Mon frère et moi construisions des pentes, mais très peu accentuées, au contraire de celles du bulldozer, car les roues de la locomotive se mettaient à patiner dès que l'angle était trop prononcé ou que le convoi y arrivait sans élan ou que les wagons étaient trop chargés de billes. De plus, ces ondulations forcées de la voie ferrée avaient tendance à briser les liens des rails, que nous devions resserrer avec des pinces très pointues. Nous avons même dû remplacer maintes tiges de liaison en nous servant de petits clous que mon père étêtait préalablement.

Cent fois brisé, cent fois réparé, le train de nos grands voyages et du transport de nos marchandises a brusquement cessé de fonctionner le jour où mon frère et moi avons eu la malencontreuse idée de l'installer à l'extérieur de la maison, dans le carré de sable. Encore aujourd'hui, je m'étonne que ma mère nous y ait autorisés, tant ce projet présentait de risques !

Nous avions aménagé une voie superbe, qui suivait à flanc de montagnes des dénivellations savamment étudiées. Le train montait, descendait, longeait des précipices, franchissait une rivière sur un pont, constitué d'une minuscule planche de bois, traversait une forêt formée de bouts de branches piqués dans le sable, s'engageait dans des courbes à pleine allure, sans verser, car nous avions savamment calculé l'inclinaison des rails.

Nos travaux d'ingénieurs en herbe terminés, nous étions restés silencieux, béats d'admiration devant notre réalisation. C'était une réussite totale, une étonnante reproduction de la réalité. Le train tournait, nous entraînait dans des contrées imaginaires. Nous venions de nous évader, nous étions ailleurs ; le paysage défilait de chaque côté des wagons, et nous ressentions une joie intérieure si intense qu'elle éclatait en cris de joie. C'était la fête, une grande fête qui couronnait notre succès !

Et voilà qu'à l'entrée du tunnel qu'en fin de journée nous avions eu l'audace de percer dans un monticule de sable, tout s'est brusquement effondré, ensevelissant la locomotive et le premier wagon. Catastrophe ! Et pire que nous ne l'avons alors supposé ! Malgré toute la peine que s'est donnée mon frère à démonter la mécanique, à la nettoyer, à la huiler, la locomotive a par la suite refusé de fonctionner.

Immobilisé, le train électrique ne présentait plus d'intérêt. Rangé dans sa boîte d'origine, puis mis au rancart au fond d'un placard, il est passé aux oubliettes, remplacé par de nouveaux envoûtements, que je vais aussi vous raconter...

19

La frénésie des collections

Aux distractions ludiques du bulldozer et du train électrique a succédé la frénésie du collectionneur, un penchant dont tu sembles avoir hérité, Geneviève, à en juger par toutes les choses hétéroclites que tu amasses dans ta chambre ! Ma nouvelle passion a accaparé tout le reste de l'été, cet été mémorable de la brusque agonie de mon train, enseveli dans un désert lointain...

Une collection d'insectes et de papillons a remplacé la collection de timbres que j'amassais avec mon frère et collais dans de gros albums, durant les longs mois d'hiver. Là encore, Geneviève, tu maintiens la tradition philatélique de ton grand-oncle Jacques et de ton papy, en complétant leurs vieux albums qui ont miraculeusement survécu au temps.

Cet été-là, mon frère et moi avons chacun reçu un immense filet à papillons, de fabrication artisanale. Au bout d'un long bambou, mon père avait replié en cercle un gros fil de fer, dont les terminaisons se prolongeaient le long du bois et disparaissaient sous une cinquantaine de tours serrés de ligne à pêche, qu'il avait enroulée pour fixer solidement l'armature. Ma mère y avait cousu une longue poche conique, fabriquée en gaze.

L'ensemble formait un filet parfait, d'une étonnante efficacité. Quand nous attrapions un insecte, nous n'avions qu'à retourner vivement le manche pour que la bête se retrouve prisonnière au fond de la poche, scellée par le tissu renversé qui recouvrait l'ouverture.

De plus, mes parents nous avaient dotés d'un équipement sommaire d'entomologistes : large pot à gros bouchon de liège, rempli au tiers d'une pâte brunâtre, dont la très forte odeur tuait instantanément toute bestiole qui la respirait ; planchettes de bois mou, à deux plans légèrement inclinés, pouvant latéralement s'ajuster pour créer une fosse où s'insérait le corps du papillon ; longues épingles noires, très fines, à tête ronde, servant à maintenir les ailes ouvertes, bien à plat, durant la période de dessèchement.

Naturellement, et mon père et ma mère nous avaient bien avertis de ne jamais respirer le poison que contenait notre pot d'entomologistes, sous peine de confiscation immédiate. D'ailleurs, à constater la rapidité de la mort que provoquait ce poison, je n'ai jamais été tenté d'en inhaler les émanations !

Durant quelques étés, la chasse aux insectes et papillons de toutes natures a occupé de nombreuses journées ; nous zigzaguions sur notre terrain ou dans le champ qui s'étendait au bout de notre rue, celui-là même que nous traversions, le printemps, pour nous rendre pêcher à la rivière. Vous vous souvenez, les petites filles ? J'en ai parlé au chapitre intitulé *Le poisson dans la baignoire.*

Le soir, nous montions nos trophées sur nos planchettes, les épinglant avec art, soigneusement. Si ma mère et ma sœur appréciaient la beauté des papillons de notre collection, elles s'intéressaient beaucoup moins aux nombreux insectes, quasi tous de l'ordre des coléoptères, que nous rapportions ; revêtus d'une carapace

noire, préhistorique, ils avaient, à vrai dire, un aspect plutôt hideux.

N'empêche qu'un étranger — mes parents le connaissaient sans doute —, plusieurs années plus tard, nous a offert pour notre collection une somme incroyable, un nombre inimaginable de dollars, de vrais dollars qu'il a comptés sur la table de la salle à manger !

Nous avons divisé cette fortune entre nous, mon frère et moi ; dès le lendemain, ma mère s'est hâtée d'aller déposer cet argent à la banque. Elle a ouvert un compte d'épargne à chacun de nos noms et nous a remis un petit carnet vert, dans lequel était imprimé le montant de nos économies. Je me suis contenté de ranger mon carnet dans l'un des tiroirs de ma commode, en regrettant quelque peu la vente de notre collection d'insectes et de papillons...

Et je n'ai pas tardé à comprendre mon erreur, car j'ai vite oublié la somme inscrite sur la toute petite feuille du tout petit cahier bancaire, alors que je songeais de plus en plus à mes beaux papillons, envolés à jamais, et mes étranges insectes, qui semaient la terreur, disparus eux aussi. Rien ne pouvait les remplacer, surtout pas quelques chiffres dans un carnet de banque ! Mais il était trop tard : j'ai dû contenir ma peine, la dissimuler, et convenir secrètement de mon erreur.

À ton tour, Geneviève, de tirer la leçon de cette histoire !

20

Les constructeurs d'avions

M on frère grandissait et acquérait tant de connaissances et d'adresse qu'à notre passe-temps de collectionneurs s'est un jour substituée la construction de modèles réduits d'avions et de bateaux. Minutieusement, Jacques découpait de toutes petites pièces dans de minces feuilles de balsa et mettait des semaines à les assembler en utilisant une colle blanche. Il suivait les instructions et les plans fournis avec le modèle, que mon père rapportait de Montréal, dans une longue boîte étroite. Au début, je devais me contenter de l'observer.

Quand la structure du fuselage, des ailes, des stabilisateurs et de la dérive d'un avion était achevée, il restait encore à recouvrir tous ces éléments d'un papier de couleur, extrêmement fin, collé sur ces charpentes. Une fois posé, le papier était vaporisé d'un produit spécial, qui le tendait et le rendait si rigide, en séchant, qu'il adoptait une consistance presque métallique.

Année après année, des modèles plus gros et plus solides sont sortis de notre chantier ; puis, ils se sont mis à voler, grâce au minuscule moteur qu'avait acquis mon frère avec je ne sais quel argent. Peut-être celui de notre collection de papillons ? Au démarrage, Jacques reliait l'une des bornes d'une batterie carrée à la tête de son engin et, d'un doigt, faisait prestement tourner l'hélice de bois. La mécanique ne démarrait jamais du premier coup ; il fallait dix fois recommencer l'opération, que ma mère m'interdisait de tenter, vu le danger de me faire couper un doigt si je ne retirais pas assez vite ma main.

Dès que le moteur se mettait à tourner, c'était le triomphe ! Il produisait un vrombissement si aigu que nous aurions pu croire à une attaque de milliers de guêpes ! Jacques se hâtait alors de retirer le fil électrique, levait haut l'avion, au bout de son bras, et le lançait légèrement. L'appareil volait ! Il volait ! Il s'élevait lentement, s'éloignait, tournait, passait au-dessus de nos têtes, en lançant son sifflement d'essaim d'abeilles. Nous le suivions des yeux, attentivement, car il ne fallait pas le perdre de vue, d'autant moins qu'en principe il ne s'arrêterait de voler qu'à l'extinction complète du carburant.

Dès que cessait le son sibilant du moteur, après quelques minutes à peine, commençait la période de vol plané et d'anxiété. Où l'appareil irait-il atterrir ? Se poserait-il en douceur ? S'écraserait-il lamentablement, en piquant du nez, ou finirait-il accroché aux branches d'un arbre, les ailes brisées ?

Heureusement, il terminait habituellement son vol sans dommage, dans l'herbe d'un pâturage désaffecté. Faute d'une large piste, bien unie, l'arrêt était forcément brusque et le train d'atterrissage — deux petites roues au bout de tiges métalliques très souples — s'avérait tout à fait inutile. Mais l'herbe amortissait si bien le choc et la vitesse à l'impact était si réduite que d'ordinaire l'avion achevait intact son vol plané.

Les pires accidents se produisaient quand l'appareil fonçait aveuglément dans une clôture de fils barbelés, qui lui arrachaient les ailes et transperçaient l'entoilage. Ces jours-là, nous rentrions à la maison dépités, chacun de nous portant les débris de l'extraordinaire machine volante, difficilement réparable. Il faudrait consacrer à la reconstruction des heures et des heures. Néanmoins, ces accidents faisaient partie du jeu, étaient prévisibles ou plutôt si inévitables que nous les acceptions sans trop d'amertume.

À la production d'avions de tous genres, monoplans et biplans, a succédé l'invention d'aéroglisseurs très modernes, même futuristes, tout droit sortis de l'imagination de mon frère, qui dessinait désormais ses propres plans. Pas étonnant qu'il soit devenu plus tard ingénieur, comme deux de nos oncles, tant du côté maternel que paternel.

Je me souviendrai toujours du plus beau qu'il ait construit : une grande cabine, très aérodynamique, en forme de goutte d'eau allongée, était portée très haut sur deux membrures arquées, reliées à des flotteurs très fins, très allongés et très éloignés l'un de l'autre pour assurer un bon équilibre. L'hélice, inversée, était placée derrière la cabine et poussait l'aéroglisseur au lieu de le tirer.

Je me rappelle aussi que la difficulté à résoudre résidait essentiellement dans l'emplacement longitudinal de la cabine sur les flotteurs ; il fallait répartir le poids de telle sorte que, malgré la poussée de l'hélice, ils n'aient pas tendance à piquer dans l'eau. Ce modèle exceptionnel, j'ai eu la chance de le voir glisser, en fin de jour, sur la calme étendue d'un lac. C'était magnifique, futuriste, irréel !

Durant toutes ces années de construction de modèles réduits, ont été suspendus au plafond de notre chambre des avions de tous prototypes. Dommage qu'il n'en soit resté aucun ! Pas même un seul ! J'aurais pu le suspendre dans ta chambre, Mimi, ou la tienne, Anne. Mais il ne reste que la collection de timbres de Geneviève pour garder mémoire de cette époque heureuse, de ce temps de vie commune avec mon grand frère, l'ingénieur !

21

Les cigarettes de maïs

Dans l'esprit de l'enfant que j'étais, s'inscrivaient sans tri les mille et un riens du quotidien. Aussi, dans cet imaginaire et cette mémoire, toute émotive, incidents anodins et petites ou grandes catastrophes se confondent-ils, images conservées par le fixatif des sentiments éprouvés plus que par l'ampleur ou l'importance réelle des événements.

Quel adulte, à l'improviste, ne retrouve pas de tels souvenirs, pêle-mêle ? Qui ne vit pas un jour une expérience équivalente à celle de Proust avec sa petite madeleine ? Le hasard fait surgir, de façon inopinée, des instants estompés, depuis longtemps oubliés. Dans le clair-obscur des réminiscences, c'est l'une de ces ombres fugaces qui se dévoile ici, une stupide expérience à laquelle je me suis laissé entraîner, comme il arrive à tout enfant, mais que je ne devrais peut-être pas raconter à mes petites-filles.

Il faut que vous compreniez qu'en ce temps-là, celui de ma jeunesse, nous franchissions la frontière des interdits dans la fumée des premières cigarettes ; c'est ainsi que nous croyions accéder à l'adolescence et pénétrions, secrètement, dans le monde des adultes. Ma première expérience de fumeur se situe très tôt, alors que je devais avoir environ dix ans. Avec quelques copains et copines, ma sœur et moi nous étions réfugiés dans le grenier du hangar, tout au fond de la cour, pour accomplir la mystérieuse cérémonie.

Plus âgée que nous tous, ma sœur Jacqueline tenait le rôle d'officiante et d'initiatrice. Silencieux et quelque peu inquiets, nous la regardions attentivement : elle disposait sur un rectangle de papier blanc très léger des cheveux de maïs mis à sécher depuis plusieurs jours. Elle les enrobait dans le papier en le roulant entre ses doigts, tant bien que mal, puis d'un coup de langue collait le tube ainsi formé et remettait la cigarette, assez informe, je dois dire, au premier participant qui tendait la main.

La distribution terminée, ma sœur a tiré d'une poche, sous sa jupe de couventine, une toute petite boîte d'allumettes. C'était le moment solennel, celui d'une communion profane, alors que chacun allumerait sa première cigarette ! La flamme a fait le tour des néophytes et le grenier s'est aussitôt rempli d'une épaisse fumée et d'une odeur nauséabonde, qui ont aussitôt provoqué une kyrielle de toussotements, que chacun tentait d'étouffer.

Malgré le désagrément de l'expérience — sensation de brû-
lure sur la langue, odeur âcre et fétide, difficulté respiratoire —,
chacun a fumé sa cigarette jusqu'au bout, sans doute par orgueil.
Mais, dès la fin de la cérémonie, personne n'a tardé à quitter notre
refuge empesté. Tous se sont précipités dans l'échelle pour descendre du grenier, les uns plus pâles que les autres, sur le point
de vomir. Nous ressentions un urgent besoin de respirer de grandes bouffées d'air frais !

Ma sœur et moi ne sommes rentrés à la maison qu'une fois
remis de notre sotte expérience. Va sans dire que par la suite je n'ai
jamais fumé une seule autre cigarette de maïs séché !

22

Le bref été de mes canetons

Ah ! quelle peine inconsolable n'ai-je pas ressentie, l'été où j'ai perdu mes trois canetons ! À peine cinq ou six semaines après leur arrivée ! Un peu comme toi, Mimi, quand est mort le canard mascotte de ta classe. Tu te souviens ? Devenus pour moi d'amusants compagnons, mes canetons se dandinaient sur la pelouse, me suivaient à la queue leu leu, dès que je m'éloignais d'eux, passaient des heures à se baigner dans leur étang, malheureusement trop petit. Ils y tournaient en rond, sans fin, comme un carrousel miniature.

À trois mètres du garage, mon père avait creusé dans la pelouse un trou rond, peu profond, dans lequel il avait enfoncé une large cuvette, remisée au grenier du hangar ; très ancienne, elle avait sans doute servi à faire tremper le linge avant les lessives... Puis, il avait tassé la terre tout autour, nivelé le sol en bordure et remis en place des plaques de pelouse, si bien taillées qu'à la fin des travaux ne restaient visibles que le fond et la paroi intérieure du récipient. Dès que ce bassin improvisé a été rempli d'eau, même ses parties métalliques sont disparues : la surface du minuscule étang s'est transformée en miroir, masquant le fond en réfléchissant le ciel et l'environnement immédiat.

Sans canards, ce bassin parfaitement circulaire, à ras de la surface verte de la pelouse, faisait plutôt insolite ! Mais, dès que mes canetons circulaient sur son eau bleutée, au rythme de la poussée de leurs petites pattes orange, palmées, repoussées tout à l'arrière de leur corps, c'était pure merveille ! D'un coup de patte à peine perceptible, ils avançaient rapidement en se dodelinant sur l'eau.

Je pouvais les observer fort longtemps avant de me lasser, tant j'étais pris d'affection pour ces nouveaux compagnons. Leurs allées et venues m'apportaient une distraction inédite, et ma mère semblait heureuse de l'attachement que je leur portais. Bonheur simple du quotidien, jusqu'au matin tragique !

Ce matin mémorable où mon père a trouvé tous les canetons étranglés, abandonnés près du garage, renversés sur le côté, sans doute à l'endroit même du carnage, perpétré à la faveur de la nuit. Il n'a pas mis de temps à identifier le malfaiteur : pour lui, il était évident qu'une belette était passée par là. Une belette, et non un renard, car celui-ci les aurait non seulement tués, mais aussi dévorés, avec délectation.

Belette ou renard ou tout autre assassin, peu m'importait !
Pour moi, n'existait plus que la réalité de la mort, de la perte de
mes canetons, tous égorgés en une seule nuit ! Mon père s'est hâté
de les soustraire à ma vue, tandis que ma mère me pressait contre
elle et m'entraînait dans la maison en s'efforçant de me consoler.
Douces paroles, gestes de tendresse, rien n'y fit. Je demeurais
inconsolable et ne faisais que répéter, je crois, en tempêtant : « Je
n'en veux plus ! Des canards, je n'en veux plus ! Plus jamais ! »
Instinctivement, je cherchais à conjurer l'avenir, à m'éviter de
nouvelles peines, trop pénibles à supporter.

Durant les jours qui ont suivi ce trépas, j'ai eu droit à toutes
les gâteries, sans que pour autant s'atténue ma tristesse. Le minuscule étang demeurait vide, sans vie, miroir inutile ne réfléchissant
que l'amer souvenir de mes compagnons de quelques semaines.
Un matin, ma mère a perçu mes regards désolés : le même jour,
sans doute à sa demande, mon père a retiré la cuvette de la pelouse
et comblé le trou.

En peu de temps, des graines semées sur le cercle de terre
noire sont sortis des brins d'herbe, qui ont poussé jusqu'à faire
disparaître entièrement le lieu du massacre. En moi, le temps a fait
aussi son œuvre : peu à peu, j'ai oublié l'étang... et mes canetons.
Mais j'ai toujours conservé une juste rancœur contre les belettes,
ces animaux sauvages, sournois, invisibles, assassins.

Et j'ai tenu mon serment : jamais je n'ai exprimé le désir

d'avoir d'autres canetons, ces petites bêtes si douces, sans défense, proies trop faciles de la première bestiole venue, rôdant près de notre demeure et flairant la bonne chère.

Néanmoins, il faut croire que les grands chagrins d'enfant marquent leur mémoire de manière indélébile, puisque j'en suis encore à te rappeler, Mimi, le drame du bref été de mes canetons...

23

Les gerbes de flammes

Devant la fenêtre de la salle à manger, de l'autre côté de la rue, un long mur de pierres taillées bloquait la vue ; j'en ai fait mention déjà, vous vous souvenez ? Au-dessus, deux grosses cheminées de briques s'élevaient deux fois plus haut que le toit. Les vitres des multiples fenêtres à carreaux étaient si couvertes de sciure que je pouvais à peine voir au travers. Dans cette bâtisse, qui s'allongeait d'une rue à l'autre, des hommes fabriquaient des portes et des châssis. Mes parents appelaient ce grand bâtiment « la manufacture Langlois ».

Une fin d'après-midi, alors que j'étais déjà revenu de l'école, des tourbillons de fumée se sont mis à s'échapper du toit ; peu après, quelques fenêtres se sont transformées en cheminées. C'est alors que j'ai entendu un bruit de cloche continu, qui s'approchait rapidement : le camion à incendie du village arrivait à toute vitesse, transportant accrochés à ses côtés des hommes en hautes bottes et longs imperméables noirs, coiffés d'un étrange casque rond.

Ils ont sauté de leurs marchepieds tout près de notre maison, ont déroulé de longs tuyaux et les ont branchés à la borne-fontaine, au coin de la rue. À peine quelques minutes après leur arrivée, ils arrosaient abondamment les flammes rouges qui perçaient à travers les énormes volutes de fumée. Le jet d'eau était si puissant qu'il montait dans le ciel avant de retomber au milieu du toit !

Dès le début de l'incendie, ma mère a téléphoné à mon père, qui est revenu de la Ferme expérimentale peu de temps après. Devant la gravité de la situation et la proximité des flammes, il a sorti du garage le tuyau d'arrosage qui servait à laver l'auto, à humecter la poussière de roches du tennis ou à imbiber d'eau la pelouse et les plates-bandes de fleurs.

Du trottoir, il s'est mis à lancer le jet d'eau sur le mur de la cuisine d'été contigu à la manufacture ; des planches horizontales, peintes en blanc, recouvraient les trois murs de cette annexe. « Il craint que des étincelles viennent y mettre le feu », m'a expliqué ma mère. Elle s'est empressée d'ajouter, rassurante : « Pour la maison, il n'y a pas de danger : les murs sont en pierres et le toit en tôle. »

Les flammes se sont propagées si rapidement et se sont développées avec une telle intensité que même les vitres de la

fenêtre où j'étais assis sont devenues chaudes. Ma mère m'a incité à m'en éloigner, de crainte qu'elles ne cassent. Mais la féerie était trop exceptionnelle, trop grandiose, trop magnifique, pour que j'accepte de ne plus observer le spectacle. Je suis demeuré sur l'allège, sans toutefois m'approcher des vitres.

Toute la manufacture, d'une rue à l'autre, s'est vite transformée en un immense brasier ; l'arrosage des pompiers devenait inutile, ridicule. « Tout va complètement brûler ! a confié mon père à ma mère. Ça ne sert à rien de lutter contre un tel incendie : la manufacture est remplie de sciure, de copeaux et de morceaux de bois sec ! Le feu va brûler à sa guise, jusqu'à ce qu'il ne reste plus rien. »

Le sinistre a duré toute la soirée et s'est prolongé tard dans la nuit. Quand on m'a contraint d'aller au lit, d'immenses gerbes de flammes, très rouges, continuaient à s'étirer vers le ciel, d'un bout à l'autre du bâtiment. Toutes mes supplications pour rester debout, même les plus attendrissantes, sont restées vaines ; l'incendie a continué, sans moi, à projeter ses flammes et sa fumée.

Dès mon réveil, le lendemain, je me suis précipité à la fenêtre : il ne restait plus rien, presque plus rien, de la manufacture Langlois ! Que des ruines ! Seuls deux ou trois pompiers, sans casques, étaient restés sur place. Ils parlaient du sinistre avec des gens du village, venus nombreux, malgré l'heure matinale, pour évaluer les dégâts.

Quelques pans de murs de pierres se dressaient encore, ainsi que l'une des cheminées de briques, que je pouvais voir dans toute sa hauteur ; très droite, elle s'élevait comme une colonne de monument. Plus loin, une paroi rectangulaire, percée d'une large ouverture carrée, prenait l'aspect d'un arc de triomphe dérisoire. Du plancher de béton montaient encore, oscillantes, de petites touffes de fumée.

Durant la grande nuit rouge, le paysage de la fenêtre s'était métamorphosé. Dorénavant, plus de manufacture, plus de long mur de pierres pour obstruer la vue ! À travers les ruines, mon regard portait jusqu'à l'église ; je pouvais même suivre des yeux la pente de la rue qui y conduisait. En une seule nuit, l'incendie avait tout transformé et considérablement agrandi mon champ de vision, qui est demeuré le même durant des années, car le terrain est resté longtemps abandonné.

Ce n'est qu'une décennie plus tard, environ, que les élus municipaux ont décidé de faire abattre les ruines, devenues dangereuses, prétendaient-ils. Pourtant, à ma connaissance, aucun accident n'y est jamais survenu, malgré la présence de jeunes garçons et de jeunes filles qui allaient y jouer ou s'y cacher... Malheureusement, je n'ai jamais eu le droit de pénétrer dans ce terrain vacant, où couvaient trop de risques, affirmaient mes parents. Et l'interdit était plus que formel !

Je devais me contenter de regarder les ruines, de l'autre côté de la rue, se découpant sur le ciel, l'église et quelques maisons plus éloignées. Mais, au contraire de la plupart des garçons et des filles qui se permettaient d'y jouer, j'avais, moi, oui, j'avais assisté de tout près à l'incendie qui avait laissé ces vestiges de la manufacture Langlois ! De ma loge privilégiée, j'avais même ressenti la chaleur du feu et respiré l'odeur de la fumée !

Ce soir-là, j'avais assisté au spectacle, et bien au delà de l'heure d'aller au lit. Quasi jusqu'à minuit ! Et j'avais vu ! Oui, j'avais vu la grande nuit rouge, illuminée de gerbes de flammes !

24

La gare
à la locomotive fumante

Qui donc m'avait emmené à la gare ? Je ne m'y étais certes pas rendu seul ! Située à la limite du village, près d'un kilomètre passé les dernières maisons de la rue principale, elle était trop éloignée de notre demeure pour que j'aie pu marcher jusque-là. J'aurais dû parcourir plus de deux kilomètres avant de parvenir à cet étrange bâtiment, entrevu en voiture, et de rares fois !

Néanmoins, le toit à deux croupes qui écrasait cette bâtisse de couleur ocre, ses murs bas et sans fenêtres que nous apercevions de la route, le large et long quai de bois qui s'étirait devant la façade en la débordant de chaque côté, les rails parallèles de la voie ferrée qui filaient vers l'horizon jusqu'à se rejoindre au bout de mon regard, tout cela demeurait pour moi fort mystérieux, attisait ma curiosité, m'attirait. Pas assez pourtant pour m'inciter à une escapade si lointaine.

Tout petit, j'y suis néanmoins allé et, debout sur le quai, tenu par la main — je ne sais plus qui m'avait accompagné, non, vraiment plus —, j'ai assisté à l'arrivée d'un train ! Oui, j'étais bel et bien là, sur le quai, blotti près du mur avant de la gare, qui au contraire des autres était percé de très grandes fenêtres au travers desquelles le chef de gare voyait arriver et repartir les trains. Ceux en provenance de Montréal, il pouvait les apercevoir de loin, car ils surgissaient en bordure d'une forêt et s'engageaient dans une très longue courbe avant d'atteindre la gare.

Comme lui, j'ai vu au loin apparaître une bête énorme, très noire, dont la longue crinière de fumée s'allongeait quasi jusqu'au dernier wagon. Avant la courbe, le train avait déjà commencé à ralentir et ne s'approchait qu'à vitesse réduite. Plus grossissait la bête géante de métal noir, plus je serrais la main de mon accompagnateur. Bientôt, j'ai pu distinguer sur le front du monstre un gros œil de cyclope, qui brillait comme le soleil, et j'ai aperçu les immenses roues sur lesquelles roulait la locomotive, entraînées par un long bras de fer qui ne cessait de monter et de redescendre, dans un mouvement d'avance et de recul.

À l'approche du quai d'embarquement, la bête a exhalé de son flanc un immense nuage blanc, puis plusieurs autres, plus condensés, projetés violemment à ras de sol, entre les wagons. Le tintement d'une grosse cloche, montée sur sa tête, a commencé à se faire entendre dès le milieu de la courbe et son battement continu de ding-ding-ding-ding-ding est devenu si assourdissant que je me souviens m'être bouché les oreilles des deux mains. Mon protecteur, dont j'avais lâché la main, m'a alors tenu un bras, par prudence.

L'énorme et puissante et effrayante bête, plus haute que la gare, s'est approchée en soufflant une épaisse fumée noire, projetée hors d'un gros tuyau placé très haut, tout à l'avant, et en crachant des hoquets de vapeur blanche entre ses roues. Elle est passée devant moi, tout près de moi, en produisant un bruit si infernal que, malgré la pression accrue de mes mains sur mes oreilles, je ne parvenais pas à ne pas l'entendre. La réelle frayeur que j'ai alors éprouvée, je m'en souviens encore ; je craignais d'être happé sous les immenses roues ou heurté par leur grand levier.

La locomotive ne s'est arrêtée qu'au delà du quai, dans un crissement si aigu qu'il m'en perçait les tympans, aussitôt suivi d'une succession de chocs assourdissants. Des quelques wagons ne sont descendus que deux ou trois passagers. Et le train est reparti, lentement, très lentement ; à chaque wagon qui démarrait, l'un après l'autre, se produisait un claquement, qui se répercutait et résonnait aussi désagréablement que tous les autres bruits qu'engendrait ce reptile à tête hideuse et diabolique.

Le train disparu à l'horizon, on m'a ramené à la maison, encore abasourdi, la tête lourde de grincements et de fracas. Le spectacle de la gare m'avait plus impressionné qu'enchanté, et même un peu effrayé. À compter de ce jour, je n'ai plus souhaité retourner en ce lieu hostile ; je n'avais plus envie d'explorer cette gare à bête fumante !

Avez-vous déjà vécu une telle expérience, mes petites-filles ? Peut-être... Alors, l'arrivée en gare d'un train ne représente pas pour vous trois une aventure inédite. Mais je suis sûr que la prochaine histoire que je vais vous raconter, vous ne l'avez jamais vécue, celle-là ! J'en suis persuadé ! Vous verrez...

25

Les retailles d'hosties

Catholique ne manquant jamais à ses devoirs religieux, ma mère était très pieuse, et de toutes les bonnes œuvres de la paroisse. Elle rendait visite aux malades, passait de longues heures au chevet des mourants, organisait des tombolas au profit des pauvres et s'occupait activement des vieillards de l'hospice Notre-Dame, tenu par les sœurs de la Providence.

Bâti en pierres de taille, haut de trois étages et surmonté d'un toit à la Mansart percé d'un chapelet de fines lucarnes, cet hospice, érigé au siècle précédent, était l'un des plus beaux édifices du village. Il occupait un quadrilatère entier et s'imposait par son style et son ampleur, tout autant que le collège et l'église. Ses dimensions surpassaient même celles du couvent des sœurs de la Congrégation de Notre-Dame.

J'y ai accompagné ma mère assez souvent, les jours où je devais rester à la maison, à cause d'un congé d'école ou d'une légère indisposition. Après avoir appuyé sur un bouton de sonnette, nous pénétrions par une toute petite porte latérale, qui ouvrait sur un escalier de quelques marches descendant au soussol. Une religieuse, la tête entièrement couverte d'une coiffe ailée qui ne laissait paraître que son visage, ne tardait pas à nous accueillir ; elle apparaissait subitement, revenant fantastique surgi d'un monde de contes féeriques.

Peu après, d'autres religieuses se joignaient à elle, comme avisées de ma présence par l'envoi d'un message secret, imperceptible aux humains ordinaires. Je devenais l'unique objet de leur attention, de leur adoration, de leur babillage, et ne pouvais aucunement esquiver leurs saints baisers sur mes deux joues. Parfois l'une d'elles, sans doute la plus forte et la moins réservée, me hissait dans ses bras et me portait tout le long du couloir, me présentant à l'admiration des pensionnaires. J'appréciais peu, je dois dire, ces marques excessives de tendresse, que je supportais patiemment pour la récompense que me vaudrait mon abandon...

Ce bénéfice se présentait sous la forme d'une grosse boîte de céréales *Corn Flakes*, remplie de retailles d'hosties, fragments de la pâte très mince dans laquelle on prélevait de petites ou larges rondelles que consommaient à l'église officiants et fidèles. Depuis toujours, les sœurs de la Providence détenaient le monopole de la production d'hosties, des milliers par mois, surtout destinées aux prêtres de la paroisse et à ceux du collège, très nombreux.

Si je n'aimais pas ces religieuses de façon particulière, j'adorais par contre leurs retailles d'hosties, très minces et cassantes, préparées avec une farine sans levain. Placées sur la langue, elles s'amollissaient aussitôt en libérant une saveur exquise, que je n'ai jamais oubliée !

Toutefois, pour en déguster à ma guise, il ne m'était pas toujours nécessaire d'accompagner ma mère. Elle connaissait si bien mon penchant qu'elle revenait souvent de l'hospice avec une boîte de céréales, dont je devinais aisément le contenu. Seul interdit : ne pas m'empiffrer de retailles d'hosties avant le repas, défense à laquelle je me soumettais sans peine, jouissant d'avance du moment de la délectation !

C'est ainsi que, tout jeune, j'ai dû *communier* des milliers de fois plus que tous mes copains réunis ! De quoi m'assurer d'accéder à leur paradis éternel !

26

En prime chez Dupuis Frères

Qu'elle était grosse, et ronde, et brillante, et magique ! Cent fois par jour je la touchais, la prenais dans ma main, l'examinais, la contemplais. J'observais le lent mouvement de ses bras et celui de la trotteuse, rapide, qui avançait par à-coups, poursuivant sans se lasser sa course circulaire.

Elle ne me quittait jamais ; nous étions enchaînés l'un à l'autre ! Quand je collais mon oreille contre son cœur, j'entendais très distinctement son sec tic-tac, très régulier, qui cognait contre mon tympan. Elle était si fidèle que notre union a duré des années, durant lesquelles elle n'a jamais failli à m'informer et me faire entendre son cliquetis secret, dès que je l'approchais de mon oreille.

À sa mort, je l'ai autopsiée. La dissection a duré des heures et des jours, car je m'attachais non seulement à chercher la cause du décès, mais aussi à mémoriser l'emplacement de chaque organe retiré, avec l'espoir de pouvoir remettre tout en place et ainsi redonner vie à mon inséparable alliée.

Malheureusement, comme l'avait prédit ma mère, l'opération s'est soldée par un échec plus que visible. Imparfaitement agencés, les innombrables morceaux que j'avais étalés sur un carton rigide qu'il me fallait retirer de la table, à l'heure des repas, ont obstinément refusé de bouger. Pas le moindre mouvement ! J'ai dû me résigner et déposer ma patiente, inerte, sur la commode de ma chambre.

Quelques semaines plus tard, j'ai procédé à une nouvelle dissection du cadavre, mais en vain. C'est finalement disloquée, les membres épars, que ma compagne a terminé ses jours, inhumée dans un petit cercueil, tout au fond du tiroir de ma table de nuit. Elle s'appelait Westclock...

C'était son nom, oui, celui de ma première montre, mécanique. Westclock exhibait fièrement une grosse couronne, hors de son boîtier, excroissance dentelée entourée d'un petit anneau auquel était fixée la chaînette qui la reliait à un passant de mon pantalon, le premier que je portais. En tirant sur cette couronne, je pouvais faire tourner rapidement les aiguilles et régler l'heure, que je venais tout juste d'apprendre à décoder.

Un jour, ma mère s'était rendue à Montréal, voyage peu fréquent, car elle exécrait la cohue de cette grande ville, elle qui était si près des merveilles de la nature, qui les adorait tant qu'elle devait être à son insu quelque peu panthéiste. Elle en était revenue les bras chargés de grandes boîtes plates et rectangulaires, dans lesquelles chacun des enfants avait trouvé de nouveaux vêtements. Ce jour-là, mes petites-filles, sans que je m'en doute le moindrement, deux surprises m'étaient réservées.

Ma boîte renfermait mon premier costume, un vrai, un complet : pantalon long à quatre poches profondes, veston à trois boutons et trois poches, une intérieure et deux extérieures, sans compter une quatrième, toute petite, placée tout au haut de la poitrine, à gauche. Ma mère m'a démontré qu'elle servait à retenir un mouchoir décoratif, bien plié, dont les pointes devaient déborder.

Ce premier *costume d'homme*, ce n'était que la première de mes surprises. Plus enthousiaste encore ai-je été lorsque, sous les vêtements, j'ai aperçu la seconde, une minuscule boîte blanche, carrée. Ma mère m'a invité à en soulever le couvercle : sur un lit de ouate reposait calmement, brillant de tous ses feux, ma première montre, ma montre Westclock ! Ma mère ma confié qu'elle l'avait obtenue en prime, chez Dupuis Frères, un grand magasin de Montréal qui en remettait une, gratuitement, à l'achat d'un costume.

Ma montre de gousset avait sans doute peu de valeur ; mais son mécanisme était si rustique, si résistant, qu'elle a fonctionné plusieurs années et m'a même accompagné durant mes premières années de collège, avant de rendre son dernier soupir.

Quelque temps après l'enterrement de Westclock, ma peine, bien que silencieuse, demeurait si profonde, si manifeste, que mon grand-père a décidé de la remplacer, en prétextant qu'à mon âge je ne pouvais plus me dispenser de connaître l'heure en tout temps. La montre dorée qu'il m'a offerte, malgré sa précision, n'a pourtant jamais remplacé ma bonne vieille Westclock, à laquelle je conservais un attachement sentimental.

27

La fontaine funèbre

De la maison de ma grand-mère Mathieu, je connaissais surtout la grande cuisine où l'on entrait directement ; j'y jouais aux cartes avec elle. À ma connaissance, la porte extérieure de la façade était toujours verrouillée ; personne ne songeait d'ailleurs à s'y présenter, même pas les étrangers, tant la coutume voulait qu'on entre toujours dans une demeure par l'arrière ou l'un des côtés.

De l'entrée principale on pénétrait directement dans le salon, toujours bien rangé, mais où personne ne s'asseyait. La seule fois que j'ai vu cette porte utilisée, ce fut le jour où ma mère, avec beaucoup de ménagements, m'a annoncé que je ne pourrais plus jouer aux cartes avec ma grand-mère, car je ne la verrais plus : elle venait de nous quitter « pour aller au ciel »...

Pourtant, ma mère a ajouté que, si je l'accompagnais, je pourrais la voir une dernière fois, car elle était exposée dans son propre salon ; malheureusement, elle n'a pas jugé bon de m'expliquer la signification du mot « exposée ». Elle s'est contentée de me laver, de me peigner et de m'habiller avec mes plus beaux vêtements, et nous sommes partis chez grand-mère, où nous sommes entrés, à ma grande surprise, par la porte habituellement fermée, celle de l'avant de la maison, qui ouvrait directement sur le salon.

Il y avait déjà beaucoup de gens, qui parlaient tout bas ; la plupart de ces personnes m'étaient inconnues. Quelques femmes tenaient un chapelet à la main. À gauche se dressait un mur de fleurs, le long duquel était posée une longue boîte brune, très luisante, dont une partie du couvercle, tapissée de satin blanc, était relevée ; sur le côté brillaient de grosses poignées dorées. Devant, on avait placé un agenouilloir, comme à l'église, et tous les arrivants allaient s'y recueillir quelques instants, les uns après les autres.

Ma mère m'a conduit à l'agenouilloir et m'y a tenu debout : là, j'ai vu ma grand-mère, couchée sur le dos, toute blanche, les yeux fermés. « Tu sais, maintenant, elle va toujours dormir. Pour l'éternité. » m'a soufflé ma mère à l'oreille. Je n'ai rien dit, rien demandé, ne comprenant rien à ses paroles, à son « éternité ». Je me suis hâté de descendre de mon piédestal, car je n'aimais pas voir grand-maman ainsi, immobile, muette, les mains croisées sur la poitrine, les doigts ficelés par un chapelet.

À droite du cercueil coulait une minuscule fontaine, dont le jet d'eau retombait dans un bassin en égrenant un clapotis que j'avais perçu dès mon arrivée. J'ai voulu m'approcher de cette fontaine, insolite dans le salon de grand-mère ; elle m'intriguait, et le son bruissait étrangement dans mes oreilles. Mais j'ai à peine eu le temps de mettre un doigt dans l'eau qu'on me faisait passer à la cuisine ; des biscuits secs et un verre de jus de raisin m'y m'attendaient.

Ma mère m'a bientôt appris qu'elle devait rester chez grand-mère ; l'un de mes oncles allait me ramener à la maison, où notre bonne, Angela, me garderait durant quelques jours. Encore une fois, je n'ai rien répliqué, trop de choses étranges survenant autour de moi ; la seule vue de ma grand-mère, étendue dans une longue boîte, m'avait bouleversé ; je commençais à deviner, je crois, ce qu'est la mort... Mais c'est en apportant dans mes oreilles le son léger, à peine perceptible, de la fontaine de grand-mère *endormie* que je suis revenu chez moi.

Ce jour-là, sans la comprendre tout à fait, j'avais côtoyé la mort ; elle m'avait parlé, secrètement, par le truchement d'une fontaine funéraire, dont le jet d'eau répétait, sans jamais se lasser, la même mélopée. C'est ce chant monotone et triste, gravé dans ma mémoire, qui a marqué l'inexplicable disparition de grand-maman Emma et qui pour moi, depuis ce jour, représente la mort plus qu'il ne l'accompagne...

Une mort sournoise, méchante, qui se dissimule sous les traits du sommeil et qui noie les pleurs sous le clapotis d'une fontaine funèbre...

28

La noire nuit blanche

C'était l'hiver, tout était blanc ; c'était la nuit, tout était noir ;
c'était le temps du sommeil, tout était silencieux. Soudain,
ce boum épouvantable ! Cette sourde explosion, cette secousse qui
a ébranlé nos lits, et tous les meubles, et tous les murs, et toute
la maison ! Et aussitôt cette odeur âcre, qui s'est répandue, s'est
infiltrée dans nos gorges ; nous nous sommes mis à tousser, tous
en même temps, mon père, ma mère, ma sœur et mon frère ! Et
la poussière, qui volait partout, sale, noire, qui nous collait au
visage, aux mains, qui retombait en se déposant sur nos draps !
Tout cela en quelques secondes !

Nous avons été secoués et réveillés d'un seul coup par l'explosion
qui venait de se produire. Le silence s'était à peine rétabli que mon
père surgissait dans la porte de notre chambre et nous criait :
« Vite, vite, dehors, les enfants ! La fournaise vient d'exploser ! »

Il m'a enroulé dans ma couverture de lit, m'a saisi dans ses bras et emporté vers la sortie avant de la maison, suivi de mon frère, une couverture jetée sur ses épaules. Ma mère et ma sœur, déjà dehors, nous attendaient, anxieuses, devant la porte d'entrée d'où se dégageait une odeur nauséabonde.

À l'extérieur, il faisait très froid et très noir, malgré la blancheur de la neige . « Ne restons pas là ! nous a lancé ma mère, le plus calmement possible, pour ne pas nous inquiéter davantage. Nous allons prendre froid et être tous malades, aussi peu vêtus ! » Elle a aussitôt enjambé le monticule de neige durcie poussé contre le trottoir par la charrue, a traversé la rue, ses trois enfants littéralement accrochés à sa robe de chambre, qu'elle avait pris le temps de revêtir, et elle a gravi les marches du perron d'en face, sans hésiter un instant.

Un vieil avocat, retiré de la pratique du droit, habitait avec sa femme de l'autre côté de la rue. Le nom de ces *étrangers*, Pagnelo, me faisait penser à mes chiens épagneuls. De toute évidence, ils avaient été réveillés par le bruit de l'explosion, eux aussi, car plusieurs pièces étaient éclairées, en pleine nuit, avant même que ma mère ne sonne à leur porte.

Ils n'ont pas tardé à nous ouvrir et à nous accueillir, devinant aisément la cause de notre désarroi. Le vieux monsieur à moustache a tout de suite dit à ma mère : « C'est plus dangereux qu'on ne le croit, ces maudites fournaises-là ! C'est encore une chance qu'elle ait explosé plutôt que de vous empoisonner sans que personne ne s'en rende compte ! »

En pleine nuit, cette voisine m'a servi une grande tasse de chocolat chaud et de grands biscuits très plats qu'elle avait elle-même préparés ; puis, je me suis rendormi dans un fauteuil. Le lendemain matin, je me suis éveillé dans un lit pliant sur lequel on m'avait transporté durant mon sommeil. Ma mère m'a alors annoncé que j'irais vivre durant quelques jours, avec ma sœur et mon frère, chez l'une de ses grandes amies, madame Landreville.

Je connaissais cette femme, chez qui il y avait une très, très haute clôture de métal à laquelle s'accrochaient des vignes chargées de gros raisins bleus, durant l'été. Quand j'y accompagnais ma mère, en saison propice, cette dame m'autorisait à cueillir des grappes et à manger autant de raisins que je voulais. J'en profitais et m'empiffrais de ces bulles bleuâtres, chaudes et juteuses, tout en craignant que j'aie à souffrir, le lendemain, d'un mal de ventre et d'une interminable diarrhée, qui me ferait courir aux toilettes, angoissé à la pensée de ne pas avoir le temps de m'y rendre...

En nous quittant, chez madame Landreville, ma mère nous a expliqué qu'Angela ne pouvait nous garder, car elle devait l'aider à nettoyer la maison, remplie de suie, jusque dans le fond des tiroirs ! Mais elle nous a promis qu'elle reviendrait nous voir le soir même.

L'explosion de la fournaise nous a expulsés de notre maison

durant deux jours et trois nuits, la noire nuit blanche incluse, alors que pieds nus dans la neige et par un grand froid d'hiver j'avais traversé la rue en pyjama ! Quand nous y sommes retournés, rien de la catastrophe ne subsistait ; aucune trace ; tout paraissait comme auparavant.

Le grillage de fer ouvragé et doré qui recouvrait le trou carré percé dans le plancher du couloir était toujours en place ; je pouvais apercevoir à nouveau, au travers de ses arabesques, un mètre plus bas, un large dôme qui, toutefois, me semblait reluire plus qu'auparavant. Sans doute était-il neuf ? D'ailleurs, je n'ai pu apercevoir autour du dôme aucune des billes qui y avaient roulé et que j'avais ainsi perdues.

Le soir, à table, mon père nous a appris qu'un gaz très nocif se dégage parfois du charbon ; il nous a même dit, à notre grand étonnement, qu'il valait mieux qu'il ait explosé, malgré tous les dégâts que la déflagration avait causés. « Autrement, a-t-il ajouté, ce gaz invisible aurait pu nous asphyxier, sans qu'aucun de nous s'en aperçoive. Et personne ne se serait jamais réveillé ! » La fournaise au charbon, le gaz nocif et explosif, restaient pour moi des choses assez mystérieuses ; mais leur réalité a teinté à jamais la fameuse nuit de l'explosion, la noire nuit blanche.

Beaucoup plus tard, comme par ironie du sort, c'est asphyxié au gaz propane que votre arrière-grand-père Rosaire, que vous n'avez jamais connu, mes petites-filles, a été retrouvé, *endormi* comme ma grand-mère Emma. Il était couché, dans son camp de chasse construit dans les Laurentides, au bout de toute route, au bout du monde, d'où il n'est jamais revenu.

29

La table tous usages

Devrais-je laisser dans l'oubli ces autres images qui, à mon insu, ont composé le tableau de mon enfance, tracé les premiers motifs du réel et orienté le cours de mon imaginaire ? Objets inanimés, tel le secrétaire-bibliothèque, que je vous ai décrit bien que vous le voyiez tous les jours, mes petites-filles, puisqu'il a échoué dans votre salle à manger. L'influence secrète de certains meubles s'avère si durable qu'on est tenté de leur prêter une âme. Ainsi en est-il de la vieille table de noyer sombre qui occupait chez moi le centre de la salle à manger.

Ma famille y mangeait tous les jours, sauf durant quelques mois, l'été, alors que nous prenions nos repas dans la cuisine d'été, sur une petite table de granit à deux panneaux. Ces rallonges abaissées, la table ne formait plus qu'un étroit rectangle, que ma mère rangeait le long du mur, sous la fenêtre, pour libérer le passage vers la sortie, car cette pièce était petite et plus longue que large. Durant les autres mois, cette table estivale servait surtout à la lessive : ma mère y empilait le linge encore mouillé qu'elle retirait des rouleaux d'essorage de notre encombrante machine à laver, rangée toute l'année dans un coin de la cuisine d'été.

La vraie table familiale, centre de toutes les activités — selon les heures pupitre, établi ou foyer de lecture —, a toujours été celle de la salle à manger. C'est à cette table très solide, vouée à tous usages, que j'ai passé les belles heures de mon enfance. J'y ai colorié mes premiers dessins, feuilleté mes premiers albums, lu mes premiers livres ; c'est aussi là que j'apprenais mes leçons et rédigeais mes devoirs. Je n'avais pas de bureau personnel comme vous, Geneviève, Anne et Mimi. Mais la table était si grande que ma sœur, mon frère et moi, nous pouvions y étendre simultanément tous nos cahiers et nos livres d'écoliers !

C'est encore sur cette table, recouverte d'une toile cirée quasi en permanence, que nous triions les timbres et les insectes de nos collections, que nous épinglions grandes ouvertes les ailes de nos papillons, que nous assemblions les pièces minuscules de nos modèles d'avions. J'y ai lu mes premiers livres de la Comtesse de Ségur, subtilisés à ma sœur : *Les Malheurs de Sophie, Les Petites Filles modèles...* Après ces « lectures de filles », j'ai découvert l'univers fantastique des romans de Jules Verne. C'est toujours là, bien au chaud, entouré de toute la famille — même mon grand-père avait

sa berceuse dans le coin le plus obscur de la salle à manger —,
que je me suis épris de Charcot, fasciné par le récit de ses voyages
dans les glaces du pôle Nord.

L'hiver, la brunante envahissait tôt le refuge de nos activités ;
ma mère posait alors, au centre de la table, une lourde lampe de
fonte moulée. Un large abat-jour aux nervures courbes, entre lesquelles s'inséraient six segments de verre jaunâtre, strié, retenait la
lumière en la concentrant à demi sur la table. Cette lampe, qui a
longtemps survécu à nos multiples déménagements, éclaire
aujourd'hui un coin de votre maison de campagne, au lac. Le
saviez-vous ?

À la résurgence de tels souvenirs, je ne peux que songer à ces
vers de Baudelaire, un grand poète que vous lirez bientôt, à votre
adolescence :

Ah ! que le monde est grand à la clarté des lampes !
Aux yeux du souvenir que le monde est petit !

30

La ferme aux merveilles

Encore plus passionnant que les deux jours passés chaque année chez mes grands-parents paternels, dont je vous ai parlé au chapitre intitulé *L'atelier de photographie*, était le pèlerinage estival à Saint-Célestin, chez un oncle de ma mère dont je comprenais mal la filiation familiale. En fait, cet oncle était l'un des plus jeunes frères de mon grand-père maternel et ses enfants, par conséquent, n'étaient pour moi que de lointains cousins et cousines. Malgré tout, nous les considérions d'une parenté si rapprochée que je les tenais quasi pour des frères et sœurs, qui avaient la chance de vivre à la campagne et de posséder un immense domaine agricole, une ferme qui fourmillait de mille merveilles.

Le trajet pour nous y rendre durait plus longtemps que celui de Saint-Guillaume, et le traversier de Trois-Rivières, qui franchissait le fleuve devant Sainte-Angèle, était beaucoup plus gros, beaucoup plus impressionnant que celui de Sorel. De plus, l'inédit du mode de vie, le nombre incroyable de cousines et cousins, la nouveauté et la rusticité de leurs jeux, la vaste étendue des champs et des bâtiments de la ferme, la multiplicité et la variété des animaux, tout était si différent que j'étais sans cesse étonné, émerveillé, plus encore qu'à l'atelier de photographie du grand-père Louis !

C'est vraiment sur cette ferme, durant trois ou quatre semaines de quelques étés, que j'ai fait mes classes de nature, que j'ai reçu mes premières leçons de vie. En ce temps-là, l'école n'organisait pas *une semaine à la ferme*, comme elle le fait pour vous aujourd'hui ; mais j'ai quand même eu la chance de connaître la vie de la campagne. J'y ai appris, dans l'enthousiasme du néophyte, tout ce qu'ignore un petit villageois, qui lève le voile sur un univers insoupçonné, sans cesse renouvelé. Chaque jour, j'allais de découverte en découverte, les yeux pas assez grands pour tout observer, les oreilles remplies de bruits étranges, que j'entendais pour la première fois.

Entre matin et soir, j'absorbais tant que je devais m'abattre dans mon lit, épuisé, d'autant plus qu'à la campagne tout le monde se levait très tôt, si tôt que le plus souvent, à mon réveil, cousins et cousines avaient déjà terminé plusieurs de leurs tâches matinales coutumières, car à chaque enfant étaient dévolus des travaux bien spécifiques, qu'aucun d'eux n'aurait songé à ne pas accomplir.

Les quelques mois passés à cette ferme ancestrale ont suscité tant de surprises et apporté tant de connaissances nouvelles que mes souvenirs me paraissent indicibles, aujourd'hui, bien qu'ils soient indélébiles et encore bien vivants. Un livre entier parviendrait à peine à les contenir, me semble-t-il, tant ils sont innombrables ! Ils remplissent toute ma mémoire, comme les charges de foin successives qui s'entassaient jusqu'aux plus hautes poutres du toit de la grange, la bombant de réserves à la saison des récoltes.

Il me faudrait parler de tant de choses, et si diverses ! De la grande maison familiale ; de la rivière qui l'entourait presque entièrement au delà des champs en pente qui la bordaient ; de l'éclairage aux lampes à huile ; de la haute boîte brune accrochée au mur de la cuisine, qui permettait d'entendre les conversations téléphoniques de tous les gens du rang ; du tuyau de poêle qui serpentait au plafond de toutes les chambres comme s'il s'obstinait à retarder le moment de s'évader par le toit ; de l'immensité des champs qui, derrière, s'étendaient jusqu'à l'horizon, fermé par une forêt appartenant à la ferme ; des nombreux bâtiments aux formes et proportions très diversifiées, dont chacun remplissait une fonction particulière, tout comme les voitures à chevaux, très dissemblables, remisées ici et là, mais chacune rangée à un emplacement spécifique ; des animaux de toutes sortes avec lesquels j'avais dû me familiariser, malgré mes craintes initiales ; du jardin potager qui produisait une quantité de légumes et de fleurs inimaginable ; des travaux des champs et du lourd équipement aratoire ; de toutes ces découvertes innombrables qui ont électrisé mes sens et mon imagination, enfant, et qui m'ont surtout apporté la connaissance la plus précieuse à acquérir, celle de la vie, à ses origines mêmes, celle de ses valeurs les plus fondamentales !

Oui, pour moi, la ferme de Saint-Célestin a été et restera toujours une école de vie, où se fait l'apprentissage de l'essentiel, de tout ce qui devrait, tôt ou tard, compléter la formation scolaire de tout enfant. Malgré l'impossibilité de faire revivre en quelques pages tant de moments émerveillés de la vie quotidienne en ces lieux enchantés, j'esquisserai tout de même, au hasard, quelques images profondément gravées dans la mémoire de ce passé partiellement disparu...

De la route de gravier, qui contournait la courbe de la rivière devant la ferme des Mathieu, nous apercevions au loin, sur l'autre rive, la grande maison familiale toujours fraîchement peinte en blanc, juchée sur un promontoire et bordée à l'avant de vieux érables, dont les abondantes frondaisons se confondaient.

Encore plus haut, derrière le toit en pente, s'élevait une grande roue à aubes de métal ; elle brillait dans le ciel et tournait au moindre vent, perchée très haut sur une structure de poutrelles métalliques qui apparaissait passé l'écran de la maison. J'ai tôt appris que ce soleil, sans cesse en rotation, pompait l'eau nécessaire aux animaux, dans les différents bâtiments ; pour l'usage domestique, nous devions actionner le long levier d'une grosse pompe fixée sur le comptoir de cuisine, tout à côté de l'évier.

Malgré la hauteur vertigineuse de cette tour, mes cousins y montaient jusqu'à la plate-forme supérieure, tout près des grandes pales de l'éolienne ; je me contentais de les regarder et d'admirer leur audace, leur sang-froid, car il m'était formellement interdit de les suivre. D'ailleurs, avant son départ, ma mère ne manquait pas de me le rappeler, parmi les mille et un conseils qu'elle me prodiguait à la dernière minute, avant de monter dans la voiture et de « m'abandonner » à Saint-Célestin...

Le nombre d'animaux et leur variété constituaient probablement la principale attraction de la ferme. Des chats, de multiples générations, rôdaient partout, sauf dans la maison où aucun n'était admis ; à l'heure de la traite, ils se faufilaient dans l'étable, attirés par l'odeur du lait chaud. L'un de mes cousins me faisait parfois la démonstration, formellement interdite par leur père, de leur lancer un jet de lait chaud directement dans la gueule grande ouverte. J'admirais leur habileté, moi qui étais incapable d'extraire la moindre goutte du gros sac à lait qui pendait, gonflé, sous le ventre de chaque vache.

En fin d'après-midi, j'assistais à la deuxième traite, car celle du matin était déjà terminée à l'heure où je me levais, et les vaches retournées au champ. Une de mes tâches favorites était de participer à leur rassemblement pour les ramener à l'étable ; je courais derrière elles et m'efforçais d'imiter les cris de mes cousins qui, en réalité, menaient le jeu. Chaque été, ils m'avertissaient de prendre garde aux énormes tartes qui couvraient le sol, ici et là ; j'ai appris à mes dépens qu'il ne fallait pas y mettre les pieds, car ces tartes étaient en fait les excréments des vaches, ces grosses bêtes végétariennes qui mâchouillaient sans cesse, mastiquant deux fois leur nourriture.

Quant au bœuf, je me contentais de le regarder de loin, derrière la clôture de fils barbelés qui entourait le champ où il paissait, solitaire ; ses longues cornes, son front plat, son large poitrail m'incitaient à une appréhension tout à fait saine. Le plus vieux de mes cousins, lui, avait l'audace de monter cette bête et de galoper sur son dos, solidement accroché aux deux cornes ; un vrai Crétois de l'antiquité ! C'est durant ces étés que j'ai aussi appris qu'au lieu de donner du lait le bœuf donnait des veaux, lorsqu'on le mêlait au troupeau de vaches au lieu de le laisser esseulé, morose, perdu au milieu de son grand champ.

Les cochons, eux, me répugnaient, à cause de leur groin, cet horrible museau aplati, percé de deux grands trous, d'où sortaient de barbares grognements. De plus, l'odeur pestilentielle qu'ils répandaient autour d'eux ne contribuait pas à me les rendre sympathiques ! Malgré tout, après la traite, je manquais rarement de suivre celui de mes cousins qui était chargé de leur fournir la moulée et le petit lait que venait d'extraire l'écrémeuse. Ce n'était pas tellement pour entendre les borborygmes d'outre-tombe qui nous parvenaient du sous-sol où logeaient les porcs, au flanc d'une pente accentuée, que pour tourner la grande manivelle de la centrifugeuse qui, magiquement, séparait la crème du lait.

Au début, l'effort à fournir pour amorcer la rotation de l'appareil était tel que je ne parvenais même pas à faire tourner la manivelle d'un quart de tour. Un cousin démarrait l'opération, et je lui succédais au moment où la vitesse avait atteint des milliers de tours à la minute. Cette machine finissait par atteindre une telle vitesse de rotation que je n'aurais pu arrêter la manivelle de tourner ; elle l'entraînait elle-même et mes faibles bras, à vrai dire, ne faisaient que suivre le mouvement.

Pendant ce temps, mon aide versait du lait encore tout chaud dans l'énorme et luisant bol qui surmontait l'appareil. De chaque côté, un tuyau déversait un nouveau liquide : de l'un sortait un lait très clair, presque bleuté, tandis que de l'autre coulait une belle crème riche, quasi de couleur amande, que ma plus jeune cousine, Bernadette, s'empressait de venir chercher pour l'apporter à sa mère. Le « p'tit lait », comme les cousins appelaient le résidu bleuté, était versé dans l'auge des cochons via un dalot de bois astucieusement aménagé entre la porcherie, sous nos pieds, et la remise où nous étions.

Après le petit déjeuner, si j'en avais envie, je pouvais accompagner le cousin chargé de transporter le lait à la beurrerie. Je pouvais même conduire le cheval qui traînait la grande voiture à fond plat où s'entassaient, luisants sous le soleil matinal, les gros et lourds bidons remplis de lait frais. Ils étaient si pesants que je ne pouvais les déplacer d'un seul millimètre, alors que l'un de mes cousins, lui, les soulevait d'un geste leste et les déposait sur la plate-forme de la voiture, où il les entassait en les roulant. Va sans dire que cette démonstration de force physique ne manquait pas de m'impressionner !

Le cheval avait acquis une telle routine qu'il aurait pu parcourir seul la route menant à la beurrerie ; en tenant les guides que me confiait gentiment mon cousin, j'avais tout de même l'illusion de maîtriser la bête et de diriger moi-même le cortège... À la beurrerie, j'avais souvent la chance de me voir offrir quelques morceaux de fromage en grains, tirés du fond d'immenses cuves d'acier inoxydable. J'appréciais tellement la consistance et la saveur de ce fromage que je n'en ai jamais perdu le goût ; encore aujourd'hui, il demeure une gâterie qu'il me plaît de m'offrir, de temps à autre.

Il m'est aussi arrivé, lors des récoltes, de conduire les chevaux qui tiraient les charges de foin empilé entre les hautes parois à claire-voie qu'on fixait aux quatre côtés de la plate-forme à bidons de lait, la transformant en un rien de temps en immense charrette à foin. Perché sur une vieille chaise, attachée très haut, à l'avant, bien au-dessus de la croupe des deux chevaux, je tenais les guides en croyant que je maîtrisais ces grandes bêtes. Je flottais entre ciel et champ, jeune dieu dominant l'environnement ; bien droit sur mon siège royal, l'air très sérieux, quelle attitude de fierté ne devais-je pas afficher !

Munis de fourches à trois dents courbes, très longues, très fines et acérées, mes cousins, de chaque côté de la voiture, avançaient en ramassant le foin répandu sur le sol ; ils le lançaient sur la charretée où deux autres, en équilibre instable sur ce matelas mouvant de longues herbes séchées, répartissaient les fourchées. À intervalles réguliers, un claquement de langue faisait avancer les chevaux ; j'avais appris à lancer ce son magique, produit entre langue et joue, les lèvres entrouvertes d'un seul côté de la bouche, tout comme le « wooooooo » très étiré qu'il fallait crier sur un ton décroissant pour arrêter le cortège. C'est ainsi, bien assis au haut de la charge de foin, que je faisais la récolte, heureux et convaincu d'y participer d'utile façon.

De retour à la grange, l'un des chevaux était dételé, puis relié à un gros câble, qui filait d'une grande poulie suspendue à un rail longeant le toit en accent circonflexe. Au bout de ce câble toronné, une fourche mécanique plus grande que moi soulevait des charges de foin gigantesques, grâce au cheval qu'à l'extérieur de la grange faisait avancer un cousin, en le tenant par la bride. En peu de temps, toute la charretée se retrouvait empilée et répartie dans l'aire de remisage, et nous repartions au champ.

Après la dernière charretée, je pouvais grimper dans une échelle de bois, en m'y agrippant fermement, et je rejoignais mes cousins qui, tout là-haut, montaient sur une poutre transversale de la grange et s'amusaient à sauter dans le foin. La chute était si amortie qu'il n'y avait aucun danger de se blesser ; à l'atterrissage, je disparaissais quasi complètement dans la fosse que creusait ma chute.

C'était la fête : les rires, les cris fusaient à chaque saut, vingt fois recommencé. Plus audacieuses et joyeuses encore devenaient nos folles embardées lorsqu'une cousine venait se joindre aux

écervelés de la grange à foin. La farandole ne cessait qu'à l'heure
d'aller quérir les vaches au champ pour la traite du soir.

Tous arrivaient au souper avec des appétits de jeunes loups.
Les douze enfants s'asseyaient sur des bancs, six de chaque côté de
la longue table de cuisine ; à chaque bout, une chaise à siège tressé
était réservée au père et à la mère. D'une soupière joufflue, posée
à une extrémité de la table, une cousine tirait des louches de
potage, qu'elle versait dans les bols que chacun passait à son
voisin. Il était interdit de prendre une seule bouchée avant que
mon oncle n'ait rendu grâces pour le pain quotidien qu'un bon
Dieu leur apportait... Mais, dès le dernier mot prononcé, les
cuillers cliquetaient dans les bols et les couteaux et fourchettes
dans les assiettes. Tous dévoraient leur repas comme des boulimiques.

Le souper terminé, nous disposions encore de quelque temps
pour jouer. C'était l'heure des parties de balle molle, dans un
champ voisin, ou des joutes de fers, près du potager qu'entretenait
ma tante, aidée de ses filles. Nous mangions toujours des légumes
frais, cueillis de son jardin. Dès la brunante, tous rentraient pour
la récitation solennelle du chapelet, en famille, longue litanie
répétitive et murmurée par tous, à genoux, répartis aux quatre
coins de la grande cuisine. Ma place favorite, c'était sur les premières marches de l'escalier qui montait à l'étage en tournant à
angle droit à mi-chemin.

Cette heure de piété était aussi celle des grimaces camouflées de l'un ou l'autre de mes cousins, des blagues soufflées à l'oreille, des rires étouffés, que j'avais tant de peine à contenir que je montais souvent me coucher avec un mal de ventre. Sans doute était-ce plutôt dû à l'excès de nourriture ingurgitée et surtout au trop gros morceau de gâteau, ou de tarte aux fraises ou aux framboises ou aux bleuets, qu'on m'avait servi et dont je n'avais pas laissé la moindre bouchée !

Portant une lampe à huile, une cousine m'accompagnait à ma chambre et me bordais sur le matelas trop mou où je disparaissais presque entièrement, à côté du cousin qui partageait le même lit. Elle ne nous quittait jamais sans recommander à son frère, d'un ton menaçant, de me laisser dormir : « Ce n'est plus le temps de parler, encore moins de faire le fou ! lui disait-elle en fronçant les sourcils. C'est le temps de dormir ! »

Ses remontrances s'avéraient vaines, car nous avions à peine échangé quelques blagues que la fatigue de la journée nous faisait sombrer dans le sommeil, nous rendant sourds et aveugles. Le grand air, avalé à pleins poumons depuis le lever, la multitude et la variété des activités avaient raison de nous, malgré notre désir de conversation.

Dans l'obscurité, s'allumaient alors, projetées sur l'écran de mes paupières fermées, toutes les péripéties que j'avais vécues, toutes les choses nouvelles que j'avais découvertes. Je revivais, courbatu de fatigue, mais au comble du bonheur, toute ma journée à la ferme aux merveilles, ne sachant plus si j'étais éveillé ou si je rêvais.

Après tant et tant d'années passées, je n'ai qu'à me fermer les yeux pour qu'apparaissent à nouveau ces images de bonheur, et toutes ces splendides journées d'étés inoubliables, passés à la campagne, et tous les visages rieurs des cousines et cousins : Bernadette, Rita, Lucille, Madeleine, Justine, Camille, Anatole, Raoul, Louis, Léo.

Mon enfance, la vie de la nature et les réalités de la terre se confondent et convergent vers un lieu privilégié, Saint-Célestin. Et revit ce beau et grand domaine où j'ai eu la chance de séjourner et qui ne pourra jamais porter d'autre nom, dans ma mémoire, ni surtout de nom plus juste que celui de *ferme aux merveilles*.

31

Les randonnées estivales

Durant les vacances d'été, quand j'étais désœuvré, mes parents me proposaient la distraction de longues randonnées en auto. Durant cette période de l'année, mon père agronome, spécialisé dans la destruction des mauvaises herbes, parcourait de grandes distances à travers une vaste région. Il rencontrait des cultivateurs et vérifiait l'état des champs qui lui servaient de terrains d'expérimentation. Lorsqu'il m'invitait à l'accompagner, il était rare que je refuse !

En général, nous partions de bon matin, chacun muni d'un sac au fond duquel ma mère avait placé un lunch. Dans le mien, elle glissait toujours, en plus d'un sandwich au jambon ou au fromage, une bière d'épinette, une pomme Macintosh et quelques sucreries, qu'elle avait elle-même préparées. Elle me donnait aussi un coussin très épais afin que je puisse me hausser sur le siège de l'auto ; ainsi juché, je pouvais voir partout, tout autant à l'avant que sur les côtés.

À chaque départ, elle m'embrassait et me recommandait d'être bien sage, surtout de ne pas ennuyer mon père, qui devrait s'arrêter ici et là, parler avec des gens et visiter des champs. « Pour lui, me rappelait-elle, c'est une journée de travail et non de promenade. »

Nous nous rendions très loin de notre village, parfois en longeant le fleuve Saint-Laurent sur lequel j'apercevais d'immenses cargos ; les uns s'élevaient très haut au-dessus de l'eau, d'autres s'y enfonçaient tant qu'ils semblaient sur le point de faire naufrage. Mon père m'avait appris que ces bateaux à fleur d'eau étaient en général des pétroliers, lourdement chargés, qui transportaient leur cargaison de brut aux raffineries de l'est de Montréal. Je savais très bien où, car à l'approche de ces raffineries, que nous traversions une ou deux fois l'an pour aller visiter des parents, je devais chaque fois me pincer le nez, tellement l'odeur qu'elles répandaient était forte et pestilentielle !

Très souvent, nous roulions jusqu'à une ville nommée Berthier, devant laquelle étaient dispersées de nombreuses îles, certaines reliées par des ponts que nous franchissions l'un après l'autre. Mon père y avait découvert des champs de pavot et se rendait vérifier si cette plante avait bel et bien été détruite, selon ses instructions, car sa culture était illégale. Il m'avait sommairement expliqué qu'elle pouvait servir à fabriquer de la drogue, sans me préciser comment, ni dit pourquoi il la considérait si dangereuse. Sans doute n'aurais-je pas compris...

Au retour des îles, nous nous éloignions du fleuve pour nous rendre chez des cultivateurs. Je pouvais alors admirer les beaux toits de chaume qui couvraient encore beaucoup de bâtiments, à cette époque. C'était vraiment très beau, vous savez, ces toits épais, aux bordures bien rasées, qui avaient l'air d'immenses fourrures posées sur les bâtisses pour les protéger de la pluie, de la neige et du froid. Malheureusement, vous n'en verrez jamais, mes petites-filles, car il n'en subsiste aucun. Les recouvrements de tôle les ont tous remplacés.

Je savais aussi, grâce aux commentaires de mon père, que la vermine y trouvait souvent refuge, s'y construisait des nids et abîmait rapidement la couche de chaume. Cette information m'avait enlevé toute envie de recouvrir notre maison d'un toit de chaume ; je ne voulais ni de souris, ni de mulots chez nous, encore moins de musaraignes ! Et pour cause ! Si ma mère apercevait une souris, habituellement au chalet, elle sautait sur la première chaise venue et y restait jusqu'à ce que l'inoffensive petite bête soit attrapée, tant elle éprouvait à sa vue une peur incontrôlable !

Lorsque mon père apercevait un champ de maïs récolté dont les chicots étaient demeurés au sol, il s'arrêtait pour inciter les propriétaires à brûler ces résidus. « À cause de la pyrale, leur disait-il, qui se répand rapidement depuis quelque temps. » La pyrale était un ver affreux — il m'en avait une fois montré une, bien vivante —, qui s'introduit dans les épis de maïs et qui finit par détruire les récoltes.

D'ordinaire, nous revenions par l'intérieur des terres et roulions longtemps dans une région où, de chaque côté de la route, s'étendaient à l'infini des cultures de tabac, celui-là même qui servait à fabriquer les cigarettes. Les grosses feuilles de cette plante luisaient au soleil, très vertes et très longues. Dans chacun des champs se dressaient de hauts séchoirs, tous peints en rouge, et leur toit en pointe était surmonté d'un autre, beaucoup plus petit, aux murs verticaux semblables à des persiennes. C'est dans ces tours étranges qu'on suspendait les feuilles et les faisait sécher ; à leur retrait, elles avaient adopté la couleur brun pâle du tabac à cigarettes.

Adolescent, j'ai d'ailleurs « travaillé au tabac », comme on disait, et durant plusieurs étés. Au début, je fournissais les feuilles aux lieuses, de jeunes femmes venues de tous les villages voisins. Puis j'ai appris à les lier moi-même, tout comme elles, en deux bottes posées de chaque côté d'une latte, les unes à côté des autres, jusqu'à ce que la rame soit remplie. Un homme la transportait alors au séchoir, où il la suspendait.

À l'heure du déjeuner, mon père cherchait un endroit près d'une rivière ; nous mangions sur la berge, à l'ombre d'un saule, s'il faisait très chaud. Nous étions de retour à la maison assez tôt, l'après-midi, suffisamment tôt pour que j'aie droit à une collation et que je dispose, avant le souper, de tout le temps voulu pour raconter à ma mère ou mon grand-père mes découvertes de la journée. Je leur décrivais les toits de chaume, les îles, la pyrale, les champs de tabac, les bateaux, et mille et une autres choses, pêle-mêle, qu'ils ne connaissaient pas, eux ! Dans mon innocence, j'étais persuadé qu'ils n'avaient jamais rien vu de tout cela.

Ma mère m'écoutait patiemment, sans cesser de travailler cependant ; à la fin de mon long récit, elle me servait toujours le même commentaire : « C'est instructif, n'est-ce pas, ces randonnées ? Tu vois beaucoup de choses et tu apprends... » Ne sachant quoi répliquer, je retournais à mes jouets préférés, me promettant bien de partir encore en randonnée estivale. La prochaine fois que mon père irait en tournée d'inspection...

32

Le cinéma en plein air

C e que je vais vous raconter à présent, mes petites-filles, va vous paraître bien lointain, si lointain dans le passé que vous allez sans doute être surprises et croire à peine que votre papy ait pu connaître une telle époque...

Très jeune, j'ai eu droit à mes premières séances de cinéma, un cinéma qui sortait à peine de ses premiers balbutiements. Eh oui ! j'ai quasi assisté à la naissance du cinéma ! Une brasserie très connue présentait des films, durant l'été. Les projections avaient lieu en plein air, derrière la caserne des pompiers, où s'étendait un lot vacant au sol de terre durcie, piétinée, presque sans herbe.

Les seuls films qu'on y présentait, du moins ceux que j'avais l'autorisation de voir, étaient de courts métrages comiques. Je me souviens uniquement de la série intitulée *Our Gang*, petits films tournés avec un groupe d'enfants ; les péripéties que vivaient nos héros nous faisaient rire aux larmes. Si je revoyais ces films aujourd'hui, les trouverais-je ridicules ?

L'écran était tendu très haut, entre deux poteaux plantés à l'arrière de la caserne, et l'appareil de projection, posé sur une table surélevée, à quatre pattes obliques, trônait au-dessus de l'assistance. Les enfants s'assoyaient par terre et les adultes, aux derniers rangs, sur les chaises pliantes qu'ils apportaient.

Pour les enfants, c'était un soir de grande fête que les séances nocturnes de cinéma ! Pour y avoir droit, il fallait obtenir une permission très spéciale et consentir à une sieste, l'après-midi, vu l'heure tardive du retour à la maison, ces jours-là. La projection ne pouvait débuter avant la brunante, qui ne s'établit que très tardivement, l'été. Vous êtes assez vieilles pour l'avoir déjà constaté, n'est-ce pas ? Nous nous rendions toujours beaucoup trop tôt et devions attendre au moins une heure, impatients, avant que les images magiques apparaissent subitement sur l'écran.

Durant la présentation du film, rien ne m'indisposait autant que les fréquents et longs arrêts que nous devions subir. Le projectionniste semblait alors très occupé, tandis que nous, dans une demi-obscurité, nous devions attendre, immobiles, une suite qui ne s'affichait sur l'écran qu'après d'interminables minutes d'interruption. Ma mère, qui m'accompagnait toujours, me répétait chaque fois : « le film vient de casser », et elle ajoutait immanquablement que le *monsieur des vues* allait vite le recoller et poursuivre la projection.

Elle avait raison : après quelques instants, qui nous paraissaient tout de même une éternité, nous étions brusquement inondés de lumière ; sur l'écran, les personnages se remettaient à vivre. Je me rappelle aussi qu'au début de chaque court métrage se succédait une série de très gros chiffres, que tous les enfants lisaient en les criant à pleine voix, jusqu'à ce surgissent des mots, trop difficiles à épeler, qui formaient le titre du film.

Dès la première image en mouvement s'établissait spontanément un silence général, à peine troublé par quelques murmures. Tous les spectateurs gardaient les yeux rivés sur l'écran ; aucun n'osait même chuchoter, durant l'heure ou l'heure et demie que durait la projection.

À l'apparition du mot FIN, montait chez les enfants un soupir de désillusion générale : « Déjà fini ? » Eh oui ! la fête était terminée ; les jeunes spectateurs devaient se lever, un peu déçus, et rejoindre leurs parents, qui pliaient déjà leurs chaises, à l'arrière de l'assistance. Et chacun d'eux s'empressait de poser la même question : « Nous allons revenir, la prochaine fois ? »

Après le fracas des chaises, le brouhaha de la petite foule rassemblée derrière la caserne des pompiers, chacun retrouvait le chemin du foyer. Dans la nuit — il devait être aux environs de dix heures ou légèrement passé —, c'était un véritable défilé ; le trottoir de la rue principale débordait de gens de tous âges. Trop ensommeillé pour marcher rapidement, je me rendais avec peine à la maison, tiré par ma mère, et m'endormais avant même d'avoir atteint mon lit... ou quasi.

Ces soirs-là, le sommeil brassait plein d'images dans ma tête : je me transformais sans doute en l'un des personnages vus à l'écran. Et je devais vivre des aventures extraordinaires, métamorphosé en héros du cinéma en plein air de la caserne des pompiers !

33

Des billes et des moines

Parmi les jeux de mon enfance, il importe que pour vous, Anne, Geneviève et Mimi, j'en fasse revivre deux, aujourd'hui disparus. Ils ont occupé tant d'heures de mes premières années d'école ! Ce sont le jeu de billes et le lancer de la toupie. Nous employions le mot *moine* pour désigner nos toupies, sans savoir pourquoi. Depuis, j'ai appris que c'est un mot du vieux français qu'utilisait Gargantua, qui connaissait ce jeu ; vous le retrouverez le jour où vous lirez Rabelais.

En forme de poire effilée, surmontés d'une petite queue ronde, nos moines étaient fabriqués en bois ; un petit cône de métal recouvrait leur pointe. Sans cette protection, elle se serait vite aplatie, car nous lancions nos toupies avec force et sur toutes sortes de surfaces : asphalte ou ciment, l'été, glace au printemps et à l'automne.

Nous enroulions une longue ficelle, très serrée, depuis la base jusqu'au sommet du moine, et en gardions un bout dans la main, en le tenant solidement. Une fois prêts, nous le lancions d'un large mouvement du bras tout en interrompant brusquement l'élan, d'un coup sec du poignet. Nous faisions preuve d'une telle dextérité que je m'en étonne encore et me sentirais bien incapable, aujourd'hui, d'une semblable habileté.

Sur le sol, le moine se mettait à pivoter à une telle vitesse qu'au début nous pouvions percevoir un léger ronflement. Sur la glace, lorsqu'il cessait de virevolter en cercles et s'immobilisait, tout en continuant à tourner, il ne tardait pas à creuser un trou, parfois aussi profond que la hauteur de son cône métallique.

Lorsque nous étions plusieurs garçons, nous jouions au *combat des moines*. La victoire revenait à celui dont la toupie, en heurtant celles des autres, réussissait à les déstabiliser jusqu'à les renverser. Leur agonie s'achevait habituellement par une série de soubresauts. Parfois, dès le lancer, mon moine réussissait même à attaquer directement l'ennemi, déjà au sol, en le percutant violemment à l'atterrissage. Une telle précision ou une telle chance était plutôt rare, je dois avouer ; de toute façon, le choc renversait habituellement les deux combattants.

Il arrivait qu'un moine se fende en deux, d'un seul coup, sans signe avant-coureur de faiblesse. Penaud, j'en ramenais à la maison les morceaux épars, dans l'espoir que ma mère ou mon grand-père puisse les recoller ou regrette tant cette perte et comprenne si bien ma peine que l'un ou l'autre m'offre de remplacer mon moine brisé, en glissant un dollar dans ma main, grâce auquel je courrais au magasin général m'en acheter un nouveau, tout neuf.

Lorsque c'était ma mère qui compatissait à ma perte, elle ne manquait jamais de me dire : « Tu me rapportes la monnaie, n'est-ce pas ? N'oublie pas ! » Mon grand-père, lui, sans doute parce qu'il n'avait pas charge de mon éducation et non parce qu'il était moins près de ses sous, me disait au contraire : « Tu garderas la monnaie... Tu en auras peut-être assez pour t'acheter des lunes de miel et même une tablette de chocolat ? »

Combien de moines ai-je brisés ? Leur nombre est difficile à évaluer ! À peine quelques-uns, probablement, tellement ils étaient solides, tournés dans un bois franc très dur. Curieusement, on ne retrouve plus dans aucun magasin ces toupies de mon enfance, pourtant si peu chères et si amusantes...

L'autre jeu de mes années d'école, aussi intéressant et plus encore que le premier, peut-être, c'était celui des billes. Billes de toutes grosseurs, de toutes couleurs, de tous motifs sous le verre transparent. Si un garçon en possédait de nouvelles, différentes des miennes, mon désir et mon défi consistaient naturellement à les gagner au jeu pour enrichir ma collection. Je conservais mes billes dans un sac de beau tissu bleu, très doux, que m'avait confectionné ma mère ; le col se refermait, très serré, grâce à deux cordons que je tirais de chaque côté.

Le soir, sur la table tous usages, je vidais mon écrin, comptais mes billes, les rangeais en ordre de grosseur et n'avais cesse de les contempler. Sous la lampe, leurs motifs s'éclairaient et reflétaient mille formes et mille couleurs. S'il advenait que j'en perde trop au jeu, surtout parmi mes plus belles, je cessais durant quelques jours de jouer contre des adversaires. Je me contentais de m'exercer au lancer, cherchant à accroître ma précision, mesurant minutieusement l'angle et la force avec lesquels la bille devait frapper le solage de la maison pour rebondir et se placer tout à côté de la précédente.

Lorsque le pouce et le petit doigt de ma main pouvaient toucher aux deux billes lancées, la mienne et celle de l'adversaire, j'étais gagnant et en droit de m'approprier celle de mon compagnon. C'est ainsi que chacun tentait d'augmenter sa collection et surtout de l'enrichir de pièces inédites : billes à nouveaux motifs ou à couleurs plus variées ou de grosseur différente.

Nous avions deux façons de jouer, fort distinctes, correspondant aux saisons et à la nature du sol. Le printemps, quand le sol était encore recouvert d'une fine couche de neige ou de glace molle, nous devions faire rebondir la bille très haut, de sorte qu'en retombant elle s'immobilise dans le trou creusé par l'impact. L'été, au contraire, nous la lancions très bas, sans trop de force, afin qu'elle roule lentement tout près de celle de notre adversaire.

À l'école primaire, « la p'tite école », comme l'appelait tout le monde, nous utilisions l'un des deux murs latéraux du tambour qui donnait sur la cour de récréation ; ce sas recouvrait l'escalier descendant au sous-sol où, l'hiver, nous accrochions nos bottes et nos vêtements. Sur ces murs de planches très lisses, peintes en gris, nos billes rebondissaient bien, sans effet inattendu. Il fallait néanmoins choisir les planches les plus unies, car plusieurs étaient tavelées de légers creux ronds, formés par le lancement répété de nos billes les plus grosses, les plus lourdes. Ces inégalités de la surface pouvaient faire dévier l'angle de la trajectoire calculée.

Il m'est arrivé de rentrer à la maison la larme à l'œil, après avoir perdu trop de billes au jeu, ou délesté de celles auxquelles j'étais le plus attaché. Je n'avais pas su m'arrêter à temps ! Heureusement que le magasin général en tenait toujours une provision, comme dans le cas des moines ! Heureusement aussi que ma tirelire se remplissait aussi vite que je la vidais, grâce aux sous que me refilait mon grand-père à l'insu de ma mère, qui lui reprochait ses largesses, lorsqu'elle en avait connaissance : « Papa, tu le gâtes trop ! Il va finir par croire que tout s'acquiert aussi facilement, dans la vie ! »

Malgré les remontrances de sa fille, mon grand-père m'attirait près de lui, de temps à autre, et vidait ses poches de sa menue monnaie, prétextant qu'elle était si lourde qu'elle finirait par les percer. Il plaçait tous les sous dans ma main, la refermait aussitôt et me soufflait à l'oreille : « Avec cet argent, tu pourras t'acheter d'autres billes. Ne dis rien, surtout, et vas vite les mettre dans ta tirelire. »

C'est ainsi que, malgré mes pertes au jeu, jamais de mémoire d'enfant n'ai-je manqué de moines, ni de billes !

En guise d'épilogue

Voici que se referme, mes petites-filles, mon tiroir magique à souvenirs, dont se sont envolées quelques images anciennes d'une mémoire spontanée. Vous y aurez sûrement appris beaucoup de nouveaux mots, dont votre maman Nathalie vous aura expliqué le sens.

Sans doute aurez-vous aussi découvert beaucoup de choses inédites, jusqu'alors insoupçonnées, tout un monde d'une enfance fort différente de la vôtre, surtout par son décor et ses jeux. Voici que s'éloignent et s'estompent à présent les images de l'enfant qu'a été votre papy, comme toi, Geneviève, comme toi, Mimi, comme toi, Anne.

Puisse ce keepsake en être pour vous le reflet, ainsi que le retour « à cette réalité de l'enfance, réalité grave, héroïque, mystérieuse, que d'humbles détails alimentent et dont l'interrogatoire des grandes personnes dérange brutalement la féerie ». (Jean Cocteau)

Achevé d'imprimer
en octobre 1993
sur les presses de
Imprimerie H.L.N. Inc.

Imprimé au Canada — Printed in Canada